# DE LA INDEPENDENCIA
A LA REVOLUCIÓN

# TÍTULOS DE LA COLECCIÓN

1. *La antigüedad*, Enrique Semo
2. *La Colonia*, Mónica Blanco y María Eugenia Romero Sotelo
3. *De la Independencia a la Revolución*, Guillermo Beato
4. *De la Revolución a la industrialización*, Sergio de la Peña y Teresa Aguirre
5. *El desarrollismo*, Elsa M. Gracida
6. *La era neoliberal*, José Luis Ávila
7. *La población, siglos XVI al XX*, Elsa Malvido
8. *El desarrollo regional y la organización del espacio, siglos XVI al XX*, Bernardo García Martínez
9. *La agricultura, siglos XVI al XX*, Esperanza Fujigaki
10. *Recursos del subsuelo, siglos XVI al XX*, Inés Herrera y Eloy González Marín
11. *Las industrias, siglos XVI al XX*, Manuel Plana
12. *La tecnología, siglos XVI al XX*, Leonel Corona
13. *Los transportes, siglos XVI al XX*, Luis Jáuregui

Coordinación de Difusión Cultural, UNAM
Dirección General de Publicaciones y Fomento Editorial

Editorial Oceano

# HISTORIA ECONÓMICA DE MÉXICO

**COORDINADOR**
Enrique Semo

## De la Independencia a la Revolución

GUILLERMO BEATO

UNAM   OCEANO

MÉXICO
2004

Primera edición: 2004

D. R. © UNIVERSIDAD NACIONAL AUTÓNOMA DE MÉXICO
Dirección General de Publicaciones y Fomento Editorial
Ciudad Universitaria, 04510, México, D. F.

ISBN 970-32-0805-3 (obra completa)
ISBN 970-32-0795-2

D. R. © EDITORIAL OCEANO DE MÉXICO, S. A. DE C. V.
Eugenio Sue 59
Colonia Chapultepec Polanco
México 11560, D. F.

ISBN 970-651-828-2 (obra completa)
ISBN 970-651-831-2

Prohibida su reproducción parcial o total por cualquier medio,
sin la autorización escrita del legítimo titular de los derechos

Impreso y hecho en México

# Presentación

Los 13 tomos de esta obra conforman una historia económica de las poblaciones que han habitado lo que hoy es el territorio de la república mexicana. Comienza con la llegada del hombre y termina en el año 2000, pero la mayor parte del texto está dedicado a los cinco siglos que comprenden el periodo colonial y las épocas moderna y contemporánea del México independiente.

Es una narración y una descripción de los diferentes modos en que los pobladores de esta región se han organizado para producir, distribuir y consumir bienes y servicios, una historia muy larga y accidentada que cubre más de 20 000 años y cuyos sujetos sociales son la banda, la tribu, las civilizaciones tributarias, la compleja sociedad colonial y, finalmente, la nación soberana que se configuró en el siglo XIX y que ha llegado a su plena madurez sólo en el XX.

En su elaboración participaron 16 autores; cada uno escribió su texto de acuerdo con sus propios criterios y su visión del tema que le correspondió desarrollar. Sin embargo, hubo un intenso trabajo colectivo de intercambio de ideas, opiniones y materiales que acabó reflejándose en ciertos enfoques comunes. En múltiples reuniones se discutieron guiones, manuscritos iniciales y textos finales. Temas como la periodización, las fuentes, la relación entre análisis y narración fueron objeto de largas discusiones.

La obra se inspira en los principios de la economía política que considera que las relaciones económicas, sociales, políticas y culturales forman un todo inseparable y que el objetivo de la historia económica es captar la forma en que estas relaciones se entretejen en el desarrollo económico, que es el objeto de su estudio. La *Historia económica de México* se propuso sintetizar los resultados de infinidad de investigaciones particulares especializadas y ofrecer al lector una visión coherente de conjunto, basada en el conocimiento actual de los temas abordados. Esperamos que todos los interesados en la historia económica, pero especialmente los estudiantes de economía e historia, encuentren en ella tanto una obra de consulta como un marco de referencia y una fuente de inspiración teórica para nuevos estudios.

La obra introduce un enfoque doble que se propone abordar, a la vez, el estudio de los sistemas económicos que caracterizan cada etapa del desarrollo y la evolución de algunas ramas de la economía, con sus particularidades a lo largo de los últimos cinco siglos. Este enfoque está sustentado en la hipótesis de que el desarrollo de la economía es, al mismo tiempo, desigual y combinado. De que si bien las partes dependen del todo, tienen también una dinámica propia; que los tiempos del sistema no siempre coinciden con los de sus componentes.

Los primeros seis volúmenes describen la evolución de los sistemas económicos de cada periodo. El primero está dedicado a la historia antigua y el segundo a la época colonial. El tercero cubre el siglo XIX y los siguientes tres el siglo XX, examinando la Revolución mexicana y sus efectos: la industrialización orientada por el proyecto desarrollista y la integración de México al proceso de globalización, dominado por las ideas del neoliberalismo.

Los siete textos siguientes cubren los temas de la población, el desarrollo regional, el uso de los recursos del subsuelo, la agricultura, la industria, la tecnología, así como los transportes y las comunicaciones a lo largo de cinco siglos, cada uno con sus rasgos distintivos.

Este proyecto pudo realizarse gracias al auspicio de la Facultad de Economía de la Universidad Nacional Autónoma de México (UNAM) y al soporte financiero del Programa de Apoyo a Proyectos Institucionales para el Mejoramiento de la Enseñanza (PAPIME). Agradecemos al licenciado Juan Pablo Arroyo Ortiz, entonces director de la Facultad de Economía, su apoyo y participación entusiasta; asimismo dejamos constancia de nuestro reconocimiento al doctor Roberto I. Escalante Semerena, actual director de dicha Facultad, por su interés en la publicación de esta obra. Esta edición no hubiera sido posible sin la iniciativa y la perseverancia de Rogelio Carvajal, editor de Oceano, y su eficiente equipo de trabajo. Y no podía faltar nuestra gratitud más sincera al maestro Ignacio Solares Bernal, coordinador de Difusión Cultural, y al maestro Hernán Lara Zavala, titular de la Dirección General de Publicaciones y Fomento Editorial de la UNAM y a sus colaboradores, por su asistencia, siempre amistosa y eficaz, para la presente publicación.

México, 3 de noviembre de 2003

ENRIQUE SEMO

# Interpretaciones del siglo XIX

La temática de este apartado, más que un recuento pormenorizado de las cuestiones sectoriales del periodo 1821-1910 —que de hecho se tratan en los respectivos capítulos—, aborda problemas referidos a aspectos sectoriales parciales, y se enfatizan algunos asuntos esenciales no incluidos en otros ensayos, lo que puede complementar los variados temas del periodo incluidos en esta obra. Consecuentemente interesa mencionar el diverso peso relativo que las actividades agropecuaria, artesanal, minera e industrial —en especial la textil— alcanzaron, en el contexto económico que las abarca, y destacar los alcances y límites de algunas formas de producir (dime cómo produces y te diré quién eres). Esto invita a reflexionar acerca de qué tipo de sociedad era la del México decimonónico y del por qué de la incapacidad para generar conocimiento científico y técnico avanzado y la imposibilidad de crear medios de producción modernos.

Otra cuestión necesaria para una mayor aproximación panorámica sobre las condiciones económicas es el tema financiero, por lo cual se hace referencia a la deuda externa; a la sobredimensión de la capacidad especulativa de quienes disponían de dinero (agiotistas, comerciantes-financistas y otros), amparados por un "mercado" enrarecido de capital; a la Iglesia en tanto entidad financiera de gran relevancia; a la banca institucionalizada en el porfiriato, señalando el autopréstamo o el favoritismo y la manipulación crediticia en beneficio de una minoría extrema, y el premonitorio salvamento de bancos incumplidos a costa del Estado, con el consiguiente incremento de la deuda externa.

Imbuida de la tónica especulativa reinante en ciertos sectores encumbrados se destaca la actividad comercial como vía frecuente de acumulación, dada su potencialidad para absorber excedentes y bienes diversos de otros sectores, y también por trascender a otras actividades incluso productivas como la textil-fabril, la agropecuaria, la minero-metalúrgica y otras. Es decir, que ciertos grupos mercantiles diversificaban su participación actuando simultánea o alternadamente en distintos frentes económicos, al igual que otros grupos sociales con la misma dinámica, integrantes todos de una clase dominante bastante disímil en su composición. En este sentido se resalta un importante aspecto social del capital: el proceso formativo paulatino y prolongado de una burguesía que culminará definitivamente en capitalista (primero a nivel regional) de rasgos específicos en el seno de una heterogénea y técnicamente rezagada sociedad. En este orden de cosas se jerarquiza la temprana industria textil-fabril, presente en diversos territorios del país, como uno de los ejes fundamentales para la conformación de la burguesía, no obstante las rígidas fronteras que limitaron aquella actividad al no poder protagonizar una industrialización propiamente dicha.

Al abordar el comercio exterior, de modestas dimensiones en los primeros 50 años de vida independiente, se señala la elocuencia de la composición de las importaciones, cuyo mayor rubro estuvo constituido por textiles, al igual que acontecía en la generalidad de los países latinoamericanos independizados.

Más tarde, a medida que transcurría el porfiriato el comercio exterior cambió de magnitud y, relativamente, de composición, reflejando de alguna manera cierta modernización del país, si bien el capital extranjero mientras tanto desplazaba al capital nacional, a excepción de la cúpula empresarial.

La periodización aplicada surge de un criterio que se considera aceptable —los momentos coyunturales de la economía y de la vida política—, no obstante la carencia de estudios homogéneos sobre fuentes fidedignas, en especial en lo que hace a la falta de rigor de las series estadísticas económicas.

El extenso marco temporal que se prolonga desde la proclamación de la Independencia, en 1821, hasta los inicios de la Revolución mexicana, en 1910, acusa notables diferencias en su seno, tanto desde la perspectiva política como de la marcha de la economía. Dos grandes periodos, 1821 a 1877, aproximadamente, y 1877 a 1910, destacan de manera importante cubriendo el espacio entre ambas revoluciones trascendentes.

En relación con la ascendente tendencia económica del siglo XVIII, comparativamente, el primer periodo (1821-1877) fue de marcada pesadez económica acompañada de difíciles tiempos políticos, situación compartida por buena parte de los países latinoamericanos independizados —la "larga espera", a decir de Halperin Donghi—. En oposición, el segundo periodo (1877-1910) experimentó una manifiesta tendencia económica ascendente, a la vez que se fueron sedimentando las transformaciones políticas que apuntaban a acelerar la organización de un Estado pretendidamente moderno.

En el primer periodo se aprecian con gran definición dos momentos:

1) El subperiodo 1821-1848, signado más francamente por la zozobra y el estancamiento económico cuyos ante-

cedentes inmediatos habían sido los depresivos años del último decenio colonial —1810-1821— coincidente con la guerra de Independencia, como sucedía igualmente en diversas regiones de Latinoamérica. Fueron los tiempos en que la dislocación del poder central —al desaparecer el gobierno absolutista y centralista del imperio colonial español del área continental americana— se conjugó con el pesado saldo de la reciente guerra independentista, heredando también el mencionado ciclo de contracción económica iniciado a comienzos del siglo XIX. Se sucedieron las luchas entre facciones y a poco andar sobrevino la pérdida de Texas, continuada con la previsible guerra con los Estados Unidos —en plena expansión de sus fronteras— y el despojo de más de la mitad del territorio mexicano. A todo esto, la crisis de 1848 se desplazaba por Europa irradiando sus efectos más allá de sus fronteras, según la sensibilidad de los espacios abarcados por una economía mundial que continuaba avanzando en su construcción.

2) El subperiodo 1848-1877, que no obstante las dificultades internas y externas que acompañaron la continuación menos acentuada de la faz depresiva, no mostró un crecimiento pero sí una recuperación respecto al subperiodo anterior, ya que no logró alcanzar sostenidamente los niveles ascendentes de fines del siglo XVIII. Se aprecia cierta vitalidad económica en los años cincuenta, tropiezos en los sesenta y —crisis de 1873— la despedida del ciclo depresivo para el final del periodo. Entre otras cosas, y a pesar de las guerras internas, de intervención, y contra el emperador Maximiliano, hubo una franca recuperación en la producción (minera, industrial textil, entre las más destacadas).

Por su parte, el periodo 1877-1910 considerado en conjunto revela una clara tendencia de crecimiento, pero desde una perspectiva que no rescata la situación de muchos desposeídos, y tampoco la suerte de unidades productivas de distintos sectores cuyos atribulados propietarios fueron desplazados por la irrupción del gran capital foráneo (prosperidad para unos, miserias para otros, diría Pierre Vilar).

La tendencia ascendente estuvo asimismo afectada por fuertes crisis, de entre las cuales la de 1907 sacudió a profundidad la economía en general y convulsionó socialmente diversos puntos del país. En fechas próximas a la célebre crisis tuvieron lugar las grandes huelgas de Cananea y Río Blanco. Algunos autores señalan que para 1910 ya se habían asimilado los efectos negativos de la crisis; también es factible creer que la situación provocada convergió, junto con una cantidad de circunstancias de diversa naturaleza, en el estallido revolucionario de 1910.

El periodo de 1877-1910 se correspondió con la conocida coyuntura internacional, fuertemente condicionante para los procesos latinoamericanos, caracterizada por la exportación de capitales de los países muy industrializados (imperialismo), equipos, ferrocarriles, etcétera, y por migraciones de personal técnico y de trabajadores de diversas regiones. Por otra parte, se multiplicó la demanda a los países no industrializados de materias primas, alimentos y diversos productos, lo que repercutió ampliamente en las políticas gubernamentales y en las economías y sociedades de Latinoamérica en general, y de México en particular. A esta nueva distribución de intercambio intensivo de los factores mencionados se le ha dado en llamar "subsistema de intercambio centro-periferia", el cual cubre el periodo 1877-1910 y lo rebasa, hasta entrar en declinación a lo largo del siglo XX.

Se ha señalado (y polemizado) que tras el pujante ascenso del siglo XVIII en el conjunto de las actividades económicas y en el movimiento de los precios de la Europa del siglo XIX y comienzos del XX, tuvieron lugar dos fluctuaciones de larga duración llamadas ciclos de Kondratieff, con una extensión aproximada de 50 años cada uno. El primero (1817-1873), con tendencia general descendente, y el segundo (1873-1920 o 1929), de tendencia general ascendente. Respectivamente estarían integrados por dos movimientos de unos 25 años que —dentro de la tendencia general de los ciclos de Kondratieff— se orientan de manera sucesiva a la baja (fase B) y al alza (fase A). El primer Kondratieff, descendente, englobaría una fase B, de 1817 a 1848 aproximadamente, que incluye grandes crisis económicas de graves connotaciones sociales y políticas (revoluciones de 1830 y 1848), sucedida por una fase A, ascendente, de 1848 hasta alrededor de 1873, fecha de la gran crisis internacional. El segundo ciclo de Kondratieff, de tendencia general ascendente, muestra una primera fase B, descendente, 1873-1895/1896 (crisis de los años noventa), seguida de una fase A, ascendente, 1895/1896 a 1920 o 1929 (crisis).

Se advierte la coincidencia relativa con el ámbito europeo de las tendencias (y no de la especificidad de los procesos económicos) observables en México y en otros países latinoamericanos, lo que no justifica la traspolación de las conclusiones de destacados estudiosos de la economía europea al medio latinoamericano, en donde faltan aún estudios con mayor profundidad acerca de este problema.

Diversas interpretaciones del proceso histórico de México y Latinoamérica han dado lugar a una serie de polémicas a propósito del carácter de la sociedad colonial y, más específicamente, del periodo independiente decimonónico que aquí se trata. Un aspecto sustancial de estos debates ha girado alrededor de la formación del capitalismo, primero, en lo que hace al ámbito europeo y, después, al espacio latinoamericano. No obstante la variedad de argumentaciones, es posible distinguir en buen número de éstas un elemento discordante que perdura: la actividad comercial entendida como factor fundamental —o no— en el decurso formativo del capitalismo.

Ya Henri Pirenne señalaba el gran significado que habría tenido en la formación del feudalismo —y su hipotética característica de ser una economía cerrada— el quiebre del comercio cristiano a través del Mediterráneo, debido al predominio naval árabe. Alphonse Dopsch objetaba que hubiera tenido lugar una desaparición extrema del comercio.

Asimismo Pirenne adjudicó a la actividad mercantil —esta vez al comercio a distancia— una fuerte responsabilidad como elemento disolvente de la sociedad feudal en Europa Occidental. Otros responsabilizaban a los elementos contradictorios generados en el seno de las estructuras feudales como fundamentales en la gestación de la nueva sociedad capitalista, privilegiándolos respecto de causas "exógenas", como sería el gran comercio a distancia.

Henri See, con ideas próximas a su compatriota Pirenne, sostuvo la tesis de que a lo largo de la llamada Edad Moderna —y en parte de la contemporánea— había tenido lugar en primer término el capitalismo comercial, posteriormente habría surgido el capitalismo financiero y, por último, el capitalismo industrial, coexistiendo los tres en nuestros días. De éstos, los dos primeros serían los más importantes.

El libro de Maurice Dobb, *Estudios sobre el desarrollo del capitalismo*, además de explicitar las definiciones de feudalismo y capitalismo en tanto modos de producción, planteó el largo proceso de la conformación del capitalismo en Inglaterra desde el seno mismo de la sociedad feudal, al punto que en algún momento histórico de la transición se había dado cierta coexistencia equilibrada de las dos formas de producir. En la resonada polémica que sobrevino —especialmente con otros autores marxistas— Dobb se contrapuso al argumento de la comercialización de la producción feudal como desencadenante esencial del capitalismo.

Dobb formuló precisiones importantes a posteriori de los debates motivados por su libro, incorporándolas como apéndice (La transición del feudalismo al capitalismo) en ulteriores reediciones. Entre ellas destaca el replanteamiento del viejo concepto de que en el caso "clásico" inglés la vía revolucionaria —en el sentido de su trascendencia transformadora— no fue la que siguió el comerciante que invadió la producción, convirtiendo su capital mercantil en capital industrial, sino que:

de las propias filas de los productores —campesinos y artesanos— fueron surgiendo algunos grupos más prósperos que:

a) Entre los campesinos, se enriquecieron explotando mediante una paga a trabajadores pobres o sin tierra y comercializando la producción.
b) Entre los artesanos, acumularon beneficios colocando en el mercado la producción obtenida con el sistema de trabajo a domicilio organizado por ellos mismos, o sea que pasaron de pequeños productores a prósperos organizadores del trabajo ajeno y a comerciantes.

El tránsito de esos pequeños grupos más favorecidos de productores campesinos y artesanos (a y b) a una condición social enriquecida (burguesa) no fue rápido, sino que resultó de un prolongado proceso durante el cual tuvo lugar la disolución del orden feudal establecido, así como también la transformación de la joven manera burguesa de producir que culminaría con la consolidación de maduras formas de producción capitalistas.[1]

Este es un concepto particularmente rico para una interpretación de cómo se constituyó la burguesía capitalista y revolucionaria inglesa. Revolucionaria porque fue producto y productora de la transformación estructural de la sociedad, a la vez que protagonista de las revoluciones políticas burguesas en Inglaterra y que, ya en el poder, en buena medida contribuyó conscientemente a culminar un proceso que desembocaría en la primera Revolución industrial a nivel mundial.

Soboul distinguía la mencionada "vía revolucionaria" para los casos de las revoluciones inglesa y francesa porque sus respectivas burguesías eran protagonistas de la nueva forma capitalista de producir, mientras que las burguesías vinculadas a actividades especulativas mercantiles y financieras eran conservadoras, no revolucionarias. En cambio en procesos posteriores —más allá de la mitad del siglo XIX— en Prusia y Japón se siguió la "vía del compromiso", el Estado feudal y absolutista impuso desde arriba la transformación de la sociedad en capitalista industrializada, en parte apoyado —según algunas interpretaciones— en sus burguesías conservadoras. Tales esfuerzos de transformación capitalista impulsados por Estados no burgueses obedecían a la urgencia de industrializarse ante el fenómeno contemporáneo del avance tecnológico de la primera potencia mundial —Inglaterra—, con su consiguiente expansión internacional, y a la carrera para lograr el desarrollo industrial que otros países ya habían emprendido y alcanzado o estaban a punto de hacerlo.

---

[1] Guillermo Beato, "La gestación histórica de la burguesía y el Estado en México, 1750-1910", en Armando Alvarado *et al.*, *La participación del Estado en la vida económica y social mexicana, 1767-1910*, INAH, Colección Científica, México, 1993.

Importa señalar que tanto Prusia como Japón, no obstante sus diferencias, eran seculares y maduras sociedades feudales, y como tales contaban con sus desarrolladas fuerzas productivas dentro de las limitaciones estructurales tradicionales. Si el reto del cambio de las estructuras económicas era formidable, ya que implicaba la disolución y sustitución de las viejas relaciones de producción por nuevas. Por otra parte las diferencias no eran tan abismales como hipotéticamente podrían serlo en otras sociedades de desarrollo más precario, como las latinoamericanas del contemporáneo siglo XIX. Uno de los interrogantes que suele plantearse es: ¿por qué Prusia y Japón —que se encontraban rezagados respecto del proceso de industrialización, no sólo de Gran Bretaña sino también de Bélgica o Francia— pudieron lograr transformarse en potencias altamente industrializadas y, en cambio, México no pudo hacerlo?

Sin pretender necesariamente parangonar el caso mexicano con el europeo o el japonés, a propósito de la "vía revolucionaria" o la "vía del compromiso", se adelantará que la burguesía capitalista en México no surgió de las filas de pequeños productores campesinos y artesanos prósperos, transitando hacia una condición social enriquecida, sino que en general provino de la clase dominante heterogénea ya constituida y, en particular, de comerciantes y especuladores financieros, aunque también de otros sectores de esta clase. La temprana industria textil-fabril —años treinta del siglo XIX— de grande pero no absoluta importancia en la conformación de grupos sociales burgueses capitalistas regionales, no fue producto de una paulatina transformación de la industria textil artesanal en industria fabril. No se dio un general perfeccionamiento endógeno técnico ni de los productores artesanos ni de los instrumentos para producir, esto es, no hubo al interior un proceso de desarrollo propiamente dicho del nivel de la fuerza de trabajo y de los medios de producción o —en otros términos— no tuvo lugar un incremento del nivel de desarrollo de las fuerzas productivas. Se importaron técnicos y máquinas, mientras la industria artesanal continuó sobreviviendo como pudo. Al no realizarse el proceso interno referido, no existió tampoco el efecto revulsivo de dicha transformación en el seno de la sociedad. No se creó la capacidad de producir conocimiento científico y técnico más avanzado ni medios de producción adelantados o personal técnico idóneo.

También entre historiadores de América se desarrollaron discusiones a propósito de la existencia del feudalismo, del capitalismo o de procesos autónomos en Latinoamérica, llegando a sostener algunos que ya desde el siglo XVI la sociedad colonial era capitalista. Algunas de estas últimas posiciones fueron criticadas porque la condición de capitalista no surgía del análisis de los fenómenos productivos sino de los de la circulación; alegaban que se confundía economía mercantil con capitalismo; objetaban que la acumulación de capitales mediante la explotación de los productores directos —sin definición de relaciones capitalistas— y la comercialización de excedentes, en sí mismas, no eran índices de la existencia del modo de producción capitalista.

Marcello Carmagnani por su parte afirma que las sociedades latinoamericanas permanecieron feudales incluso hasta el advenimiento del siglo XX. No define qué entiende por feudal, no precisa a la servidumbre (tributación en dinero, especie o trabajo) como relación social fundamental del feudalismo, aunque sí señala la existencia de la compulsión (coacción extraeconómica) sobre los productores, pero la coacción no es un rasgo privativo de las relaciones feudales. Se le puede objetar que en la *mita* o el *coatequil* existe coacción, pero esas formas de trabajo forzado implican el pago (con frecuencia bastardeado) al trabajador, y consecuentemente no es un tributo —a diferencia de la encomienda—, por lo que la calificación de feudal no es correcta.

El autor mencionado, por otra parte, afirma que para el siglo XIX no hay "fundamento histórico concreto" que haga suponer la existencia de una burguesía en formación. Desde nuestra perspectiva no se puede olvidar que para 1877 existía en México un centenar de fábricas textiles de propiedad privada, distribuidas en numerosas regiones del país, con maquinaria importada relativamente moderna cuya fuerza de trabajo percibía un salario a cambio del tiempo laborado. Estas fábricas fueron, entre otras, bases para la formación de burguesías capitalistas regionales que formaban parte de una clase dominante heterogénea en un medio donde coexistían distintos modos de producir.

Más recientemente John Coatsworth, reconocido historiador estadunidense especializado en temas de historia económica mexicana, publicó una serie de ensayos de su autoría bajo el sugestivo título *Los orígenes del atraso*,[2] centrando su preocupación en el interrogante de por qué México no alcanzó la condición de país adelantado al nivel de las naciones más avanzadas del mundo contemporáneo.

A riesgo de sacar de contexto las apreciaciones de Coatsworth, se sintetizan algunas de ellas. El ingreso nacional per cápita en México estuvo más cerca del de Gran Bretaña y los Estados Unidos en 1800 que en ningún otro momento posterior. La brecha de productividad entre la economía mexicana y la de los países avanzados del Atlántico Norte nunca fue menor que entonces. Esta brecha respecto de los países industrializados se fue ampliando entre 1800 y el último cuarto del

---

[2] John Coatsworth, *Los orígenes del atraso*, Alianza, México, 1990.

siglo XIX. Si México hubiera mantenido la marcha de su economía al ritmo del desarrollo en los Estados Unidos durante toda la centuria habría llegado a su nivel de ingreso per cápita de 1950 antes de la Revolución de 1910. Si la brecha entre México y los Estados Unidos hubiese sido igual desde 1800 hasta nuestros tiempos, hoy México sería una de las potencias industrializadas del mundo.

En otro orden de cosas, el autor plantea: ¿cuánto habría ganado económicamente México de haberse independizado a fines del siglo XVIII en lugar de 1821? Por otra parte, México habría podido eliminar a principios del siglo XIX uno de los grandes obstáculos para su desarrollo económico: el problema de las dificultades para el transporte, cuestión que la tecnología de los ferrocarriles desarrollada en el decenio de 1830 permitía superar y que "fácilmente habría podido ser importada en la década de 1840".

Los análisis de Coatsworth se corresponden con una concepción histórica y una metodología afín a la corriente cuantitativa de la Nueva Historia Económica norteamericana, proclive a la elaboración de cálculos económicos retrospectivos y al planteamiento de qué hubiera podido suceder en el pasado (frecuentemente lejano) si se hubieran seguido otras alternativas hipotéticas en lugar del proceso tal cual se dio. Las cuestiones sobre el ingreso nacional per cápita y la brecha de México respecto de Estados Unidos y Gran Bretaña se sustentan en estimaciones en dólares de 1950 para 1800, 1845, 1860, 1877, 1895 y 1910. Los cálculos —mediante extrapolaciones— se apoyan tanto en especulaciones de diversos autores como del propio Coatsworth, si bien éste señala que es un esfuerzo que aguarda aportes futuros más precisos. Este y otro tipo de ejercicios cuantitativistas han sido objetados por científicos sociales cuya concepción de la historia difiere notoriamente del cuantitativismo cuando éste sobrepasa ciertas fronteras temporales o prescinde de las especificidades estructurales comparando sociedades de naturaleza distinta. Ya el legendario maestro Marc Bloch, que rescataba las similitudes (y diferencias) de las estructuras feudales subyacentes en sociedades europeas, prevenía sobre el equívoco de pretender llevar el análisis comparativo histórico a medios no afines estructuralmente. Witol Kula censuraba los intentos de uniformar mediante valores monetarios las economías de medios no semejantes. Pierre Vilar calificaba de economía retrospectiva a los análisis cuantitativistas que aplicaban criterios de la economía contemporánea a un pasado en el cual la sociedad aún era eminentemente agrícola (e incluso feudal) en lugar de industrial.

La interpretación del proceso histórico mexicano (y por extensión latinoamericano) subyacente en el tratamiento de los problemas considerados en este apartado difiere de la concepción del connotado historiador Coatsworth. En cierto sentido nuestro planteamiento es inverso, ya que el caso de los Estados Unidos carece de afinidad con el de México y éste, a su vez, es muy similar al del resto de Latinoamérica. Mayor diferencia aun existía en 1800 respecto de Gran Bretaña, que un cuarto de siglo antes protagonizaba la primera Revolución industrial mundial.

La independencia de los Estados Unidos (medio siglo anterior a que la de México) había contado con el apoyo de Francia y, en menor grado, de España (política antibritánica de los borbones). Los levantamientos hispanoamericanos previos a 1810 —aislados dentro de la inmensa vastedad del poderoso imperio colonial español— fueron todos sofocados. El de mayor relevancia fue la sublevación indígena de Tupac Amaru a fines del siglo XVIII que intimidó al sector de los criollos, como sucedería en cierta medida decenios más tarde con el levantamiento popular dirigido por Hidalgo, igualmente derrotado. La simultaneidad de las revoluciones por la independencia hispanoamericanas en 1810 evidencia la existencia de una coyuntura histórica propicia y, por oposición, la carencia de condiciones favorables en los decenios anteriores, lo que contradice la alternativa histórica de una independencia posible a fines del siglo XVIII, como imagina Coatsworth. Aun en 1816 las perspectivas eran muy oscuras para los patriotas latinoamericanos, con excepción del triunfante caso argentino. De allí que sí es válido rescatar el handicap que tuvieron las trece colonias —comparativamente pequeñas— estadunidenses al independizarse a comienzos del último cuarto del siglo XVIII, a la vez que impensable que sucediera algo similar en el imponente imperio hispanoamericano de esos tiempos.

En lo que hace a la brecha de productividad de México respecto de Gran Bretaña y los Estados Unidos, ¿de qué sociedades se habla? Gran Bretaña, al frente de una industrialización galopante, era una sociedad donde hasta la fuerza de trabajo se había convertido en una mercancía. Los Estados Unidos, en un proceso de expansión territorial extraordinario que no tardaría en despojar a México de más de la mitad de su extensión, a todo esto, con una composición social en la sociedad norteamericana absolutamente distinta de la mexicana. México, cuya población en su inmensa mayoría se dedicaba a la actividad agropecuaria, era una sociedad escasamente mercantilizada, con gran porcentaje de indios que conservaban una manera de producir e intercambiar comunitaria (en buena medida trueque). Los "cálculos o aproximaciones" del número de habitantes, con las reservas del caso, para 1810 acusan una población de indios superior a la de blancos en proporción mayor de tres por uno, y la de castas 20% mayor que la de blancos. Si los datos poblacionales inspiran cautela, los de una producción que no pasa por "el mercado", pues se destina grandemente al autoconsumo y al trueque, escapan a la aplicación de criterios económicos propios de una sociedad capitalista hipermercantilizada, cuya racionalidad económica no es transferible a otra sociedad de pautas culturales específicas. Los esfuerzos y enfoques de Coatsworth son respetables y meritorios, pero condicionados por la perspectiva de nuestra interpretación histórica no es posible concebir los problemas económicos de la particular sociedad mexicana de aquella época en términos de ingreso per cápita en dólares de 1950. Ni México ni otros países latinoamericanos figuran hoy entre las mayores potencias industrializadas del mundo; su común proceso histórico tuvo que ver con sus raíces estructurales y con el acentuado condicionamiento externo. Acorde con ello, a ninguno de estos países les fue fácil importar la tecnología de los ferrocarriles en el decenio de 1840, antes bien, y salvo casos alentados por conveniencias económicas puntuales, los "ferrocarriles llegaron tarde" a Latinoamérica, en general a fines del siglo XIX y comienzo del XX, cuando las urgencias económicas externas así lo aconsejaron. La falta de capitales fue una de las tantas carencias compartidas por los países latinoamericanos; desde los inicios de la independencia tuvieron lugar los préstamos foráneos, dando comienzo a la historia larga y agobiante de la deuda externa que hoy hermana a Latinoamérica.

Los orígenes del "atraso" trascienden al siglo XIX, pues tienen raíces estructurales seculares que se hunden en el pasado prehispánico y colonial y condicionan hasta el presente el desenvolvimiento histórico mexicano.

Entre los objetivos compartidos por la generalidad de los países colonizadores predominó explotar los territorios de ultramar mediante la extrema expoliación de la fuerza de trabajo. Cuando existía interés de trabajar áreas carentes o escasas de recursos humanos locales solía apelarse a la incorporación compulsiva de esclavos traídos de otras zonas de ultramar.

La mano de obra local o foránea debía corresponder a culturas de tradición secular del trabajo con capacidad de producir excedentes, aunque su nivel de desarrollo técnico de hecho fuera inferior al de las fuerzas productivas de las metrópolis, lo que implicó enorme deterioro para las poblaciones sometidas a la obligación de adaptarse a los requerimientos de los colonizadores. Si para las culturas americanas desarrolladas el costo de adaptación a las exigencias productivas fue altísimo, en cambio para las comunidades de menor desarrollo (cazadores, pescadores, recolectores) implicó prácticamente su exterminio, ya que se trataba, casi, de un imposible cultural.

En general las áreas que para las demandas internas o externas del momento no ofrecían mayores atractivos para su explotación y que estaban débilmente pobladas por culturas indígenas nómadas, seminómadas o de agricultura poco avanzada quedaron marginadas de la ocupación efectiva de los colonizadores. Habría que esperar a la segunda mitad del siglo XIX para que, ante la gran demanda internacional de alimentos y materias primas y el fuerte condicionamiento externo que la acompañó, los espacios "vacíos" (territorios del oeste norteamericano, del norte de México, del sur de Argentina y otros) fueran ocupados en una "segunda colonización" que conllevaría el genocidio de los remanentes indígenas allí asentados.

En el contexto de la colonización americana, no obstante los objetivos en parte compartidos, existieron diferencias radicales entre las experiencias de España e Inglaterra. España estructuró su imperio con un siglo de antelación a la expansión inglesa del siglo XVII y fue la única potencia colonizadora que desde temprano buscó, encontró e incorporó a su dominio (aparte de los indigentes recursos de minerales preciosos) las grandes civilizaciones americanas, lo que implicaba la disponibilidad de los más vastos contingentes humanos del continente posibilitados precisamente por su elevado nivel de desarrollo. No obstante la debacle demográfica, esos recursos humanos formarían la base principal de la fuerza de trabajo en el espacio del mapa indígena y mestizo que con altibajos, transformaciones y perduraciones persiste hasta nuestros días. A ellos se incorporarían compulsivamente los esclavos traídos sobre todo para explotar áreas de interés donde no existían o había escasez de recursos humanos.

La disponibilidad de fuerza de trabajo barata facilitó, en términos generales, economizar en instrumentos, técnicas y equipos de trabajo costosos, aunque más raramente tuvo lugar la asociación de diversas formas de fuerzas de trabajo de escaso nivel de desarrollo con técnicas y medios de producción avanzados para la época (trabajo forzado indígena y técnica de amalgama de mercurio en explotaciones mineras; esclavos y usinas de vapor en haciendas azucareras, etcétera).

La "economía" mencionada (en general de capital fijo) implicó un escaso desarrollo de las fuerzas productivas —trabajadores y equipos— tanto por la imposición de precarias formas de fuerzas de trabajo (a veces creadas) como por la aplicación de rudimentarios o toscos medios de producción. Este rasgo estructural sería uno de los factores de gran relevancia que incidirían de manera negativa durante siglos en las perspectivas de desarrollo técnico de la región. Incluso no se estimuló suficientemente la conservación y perfeccionamiento de conocimientos, métodos y procedimientos de producción indígenas que hallaron relativo refugio en las comunidades que lograron perdurar, aunque casi siempre en medios desfavorecidos.

No obstante los cambios habidos con el tiempo, a la hora de la independencia los rasgos estructurales mencionados de la sociedad heterogénea de diversas regiones latinoamericanas diferían con mucho de las estructuras económicas más avanzadas de distintos países europeos —en especial de Gran Bretaña, que aquilataba cerca de medio siglo de revolución industrial—, así como también de los Estados Unidos (y en especial de las regiones no esclavistas) independizados casi media centuria atrás.

La experiencia colonial inglesa del siglo XVII en los territorios que darían lugar a las trece colonias que a la postre se independizarían al inicio del último cuarto del siglo XVIII, además de ser más tardía que la española, no se erigía sobre vastas comunidades indígenas de altas culturas, sino que la estrecha franja costera, comparativamente, era un "vacío" demográfico. Se introdujeron esclavos en algunos de estos espacios y así se fue constituyendo la estructura económica de una sociedad esclavista cuyas diferencias con las demás áreas vecinas conducirían a la guerra civil casi un siglo después de la independencia. Luego de la derrota el área esclavista arrastraría pesadamente sus rasgos distintivos como un lastre en su transformación en una sociedad que, aunque del todo capitalista, conservó hasta el siglo XX una fisonomía acusadora de su pasado.

En la zona no esclavista se habían asentado colonos inmigrantes que, más allá de los contratos de siervos temporales, echaron las bases estructurales de una sociedad que no tuvo que superar los condicionamientos implícitos de la producción sobre la extrema explotación de una fuerza de trabajo local o importada menos desarrollada. Esos colonos (ingleses, escoceses, alemanes) trasladaron con ellos sus hábitos, experiencias, conocimientos, creencias religiosas e ideológicas, oficios, técnicas; en fin, su mundo cultural, según la diversa formación que habían desarrollado en el seno de la estructura social a la que pertenecían. A pesar de prohibiciones y limitaciones formales dispuestas por la Corona, también trasladaron —en cierta medida— instrumentos y equipos con los que laboró la propia fuerza de trabajo migrante europea. La estructura económica que se fue constituyendo en estas colonias no esclavistas no fue un escollo sino un factor favorable —aunque no suficientemente en sí mismo— en el proceso de formación y desarrollo del capitalismo en la sociedad estadunidense que culminaría siendo, a fines del siglo XIX, una de las potencias más industrializadas del mundo. A todo esto, y como elemento relevante en dicha transformación, fueron anexados inmensos y poco poblados territorios dotados de enormes recursos adonde se dirigieron otras oleadas de migrantes e inversiones considerables de capital para su explotación. En esa avasalladora marcha expansionista México, a pocos decenios de su independencia y en una situación de gran inestabilidad propia de los jóvenes latinoamericanos aún lejos de establecer y consolidar el nuevo Estado, fue despojado de más de la mitad de su territorio y, con ello, de la enorme riqueza potencial de sus recursos.

Afines a la forma mencionada de colonización de territorios en potencia ricos pero "vacíos" demográficamente, que no requirieron disolver masivamente las relaciones de producción de grandes comunidades preexistentes, o incorporadas como esclavos, fueron los casos de Canadá, Australia y Nueva Zelanda. En cambio, otras colonias británicas establecidas sobre las vastas poblaciones precapitalistas de la India y diversos territorios de África fueron ejemplos opuestos a los anteriores (en los que se había dado el traslado de fuerza de trabajo y equipos desde la metrópoli), ya que, entre otros factores, la explotación y deformación de las estructuras preexistentes o esclavistas condicionaron considerablemente el proceso particular de transformación capitalista. La generalidad de este tipo de ex colonias, británicas o no, forma parte del llamado tercer mundo y mantienen, en general, singularidades estructurales que con frecuencia no son consideradas al analizar ni al aplicar fórmulas internacionales para el pretendido desarrollo de dichos países.

# El periodo 1821-1877

LOS PROBLEMAS INMEDIATOS.
SITUACIÓN INTERNACIONAL

DESDE LOS INICIOS DE LA VIDA independiente los primeros gobiernos, y el país mismo, se encontraron insertos en una situación interna y externa extraordinariamente complicada.

Los distintos grupos pugnaron por ocupar los vacíos de poder generados por la ruptura de la sujeción a la estructura colonial metropolitana centralista. En los hechos se adolecía de un centro rector con capacidad eficiente para controlar de manera efectiva los vastos territorios que componían el ex Virreinato de la Nueva España. La centrifugación de poderes cuestionó en la práctica las facultades gubernamentales y, por más que se hubieran heredado parcialmente instrumentos administrativos con diversos niveles de dimensión jurisdiccional, se carecía de un aparato estatal consolidado sustituto del que desapareciera con el orden colonial. En consecuencia, una burocracia civil y militar, pretendidamente disciplinada, y un cuerpo de leyes con aspiraciones renovadoras y viables, quedaban por construir.

No era de extrañar que los elevados costos para disponer de fuerzas armadas fueran un problema presupuestal permanente en función de las facciones en pugna y la intervención política de la Iglesia (inestabilidad política), la inseguridad de las vías de comunicación, la vulnerabilidad de las aduanas terrestres y marítimas, el contrabando, el bandolerismo, los ataques y movimientos indígenas, y la situación de indefensión, en particular en la frontera norte.

A la precaria salud de la economía, que de suyo resentía la escasez de capital, se sumó la huida temprana de capitales españoles. En este sentido y sin negar el problema, conviene considerar que muchos influyentes eludieron su expulsión, al igual que otros exceptuados por razones no bien fundamentadas. Se debe tener en cuenta a los que regresaron, a quienes dejaron encargados sus bienes con otras personas y a aquellos que tenían capitales invertidos en unidades productivas (minas, haciendas) e inmuebles varios, difíciles todos de venderse por dinero (y no por otros medios de pago) en un país castigado por la falta de capital líquido. Las ventas forzadas, cuando se podían realizar, ofrecían grandes oportunidades a los especuladores que se adjudicaban bienes por un pago muy inferior a su valor real, lo que dio por resultado una acumulación o transferencia de riqueza. De cualquier manera hubo fuga de capitales, lo cual afectó a la ya de por sí convaleciente economía.

Por su parte la recaudación fiscal, que ya mostraba graves dificultades para llevarse a cabo, muy temprano se vio altamente afectada al federalizarse buena parte de los impuestos, lo que benefició a los estados en detrimento de la recaudación central que vio bastante disminuidos los recursos antes percibidos por dichos conceptos. De tal modo, la búsqueda de ingresos por los gobiernos mexicanos se orientó con más decisión aún hacia los impuestos sobre el comercio exterior. Pero sucedía que el país recién se estaba asomando al problemático panorama del intercambio internacional, para lo cual debían establecerse los vínculos más convenientes y posibles para colocar los excedentes nacionales, obtener los bienes necesarios para el país y a la vez aplicar los gravámenes correspondientes al comercio externo sobre el cual se habían forjado esperanzadas expectativas que a la postre no lograrían concretarse en la medida deseada.

Para ubicar al país en contacto formal con mercados relevantes era necesario obtener el reconocimiento externo consiguiente, lo que a su vez debería incidir —al menos en teoría— en atemperar las intenciones bélicas de España, que no abandonaba la idea de ir en búsqueda del imperio perdido. De conseguirse los reconocimientos diplomáticos se rompería con el aislamiento político y económico internacional.

Gran Bretaña, la potencia predominante en el orden internacional, y todavía la única nación protagonista de la Revolución industrial, diseñó una política hacia las jóvenes repúblicas latinoamericanas que no acusaba demasiadas variantes, al punto que los tratados que debían acompañar al reconocimiento de Colombia, Argentina y México en principio contenían los mismos requisitos, variando sólo el nombre del país en cuestión. Entre otras condiciones los intercambios debían efectuarse por medio de los navíos de ambas partes, siendo que Gran Bretaña poseía la flota mercante y de guerra más poderosa del mundo, y nuestros países disponían de ínfimos medios de transporte náutico.

A su vez se consideraba que el estrechamiento de vínculos con Gran Bretaña tendría el efecto colateral de equilibrar el empuje económico del poderoso vecino del norte que, además, desde largo tiempo atrás había dado inequívocas muestras de querer continuar su avasallante expansión territorial, ahora a costa de México.

Gran Bretaña, por su lado, tenía interés en las regiones latinoamericanas independizadas, y apuntaba a penetrar en ellas a través del comercio —en cuya actividad ocupaba el primer lugar en el mundo—, la colocación de empréstitos e inversiones en el campo de la producción minera. No obstante, la correspondencia diplomática se encargaba de señalar que México estaba equivocado en su exagerado convencimiento del supuesto gran interés británico de establecer relaciones de intercambio. Después de algunos tropiezos México y Gran Bretaña firmaron a finales de 1826, en Londres, un Tratado de Amistad, Comercio y Navegación definitivo, enviándose a México para su ratificación.

Las negociaciones diplomáticas preliminares con Gran Bretaña, si bien representaron cierto escozor para los Estados Unidos —que reconocieron con rapidez la independencia de México—, a la postre no tuvieron mayor peso sobre el problema de fondo que afligía al país: el temor al desmembramiento por el afán expansivo del poderoso vecino del norte.

Estos temores, periódicamente explicitados (ya desde fines del siglo XVIII), aludían a Texas y a vastas regiones fronterizas septentrionales. A esto se agregaban las incursiones indígenas, presionadas por el avance de la colonización estadunidense en esas zonas.[3]

Las medidas que los gobiernos mexicanos adoptaron para mitigar el peligro (colonización, creación de cuerpos armados) no fueron suficientes. Sobrevino la afluencia a Texas de colonos prevenientes de los Estados Unidos con autorización mexicana, así como también de colonos nacionales.

---

[3] John E. Dougherty, "México, manzana de discordia entre Gran Bretaña y Estados Unidos", en *Historia Mexicana*, núm. 174, El Colegio de México, México, octubre-diciembre de 1969.

El problema del federalismo —abandonado por Santa Anna— sumado a la falta de unidad interna favoreció el pronunciamiento por la independencia de Texas por los delegados a la Convención de Washington (Texas) de 1836. Los Estados Unidos, que decididamente apoyaron al movimiento separatista, reconocieron la independencia en 1837. Francia hizo lo propio en 1839 e Inglaterra en 1840. En 1845 el Congreso estadunidense aprobó la anexión de Texas. Estalló la guerra con México, con lo que, en total, el país se vio despojado de más de la mitad de su territorio.[4]

LAS ACTIVIDADES ECONÓMICAS. AGRICULTURA.
MINERÍA. ARTESANÍA. INDUSTRIA

Entre todas las actividades económicas la agropecuaria fue la de mayor dimensión y a ella estaba vinculada la inmensa mayoría de la población, principalmente a través de la explotación de unidades productivas de distinta índole como haciendas, ranchos y tierras comunales. Durante el siglo XIX y parte del XX la estructura económica mexicana siguió siendo eminentemente agrícola y la vida rural fue un rango que permeó por largo tiempo el entero mundo de la sociedad mexicana. Todavía en 1950 más de 50% de la fuerza de trabajo estaba ocupada en el sector primario y el mismo porcentaje de la población vivía en el campo.

No obstante la importancia predominante que la producción agropecuaria asumía en el contexto económico, desde la perspectiva del rezagado nivel técnico no hubo mayores variaciones a lo largo del periodo de 1821-1877. Así, las haciendas

---

[4] Celia Gutiérrez Ibarra, *Cómo México perdió Texas*, INAH, México, 1987.

## Ingenio planta

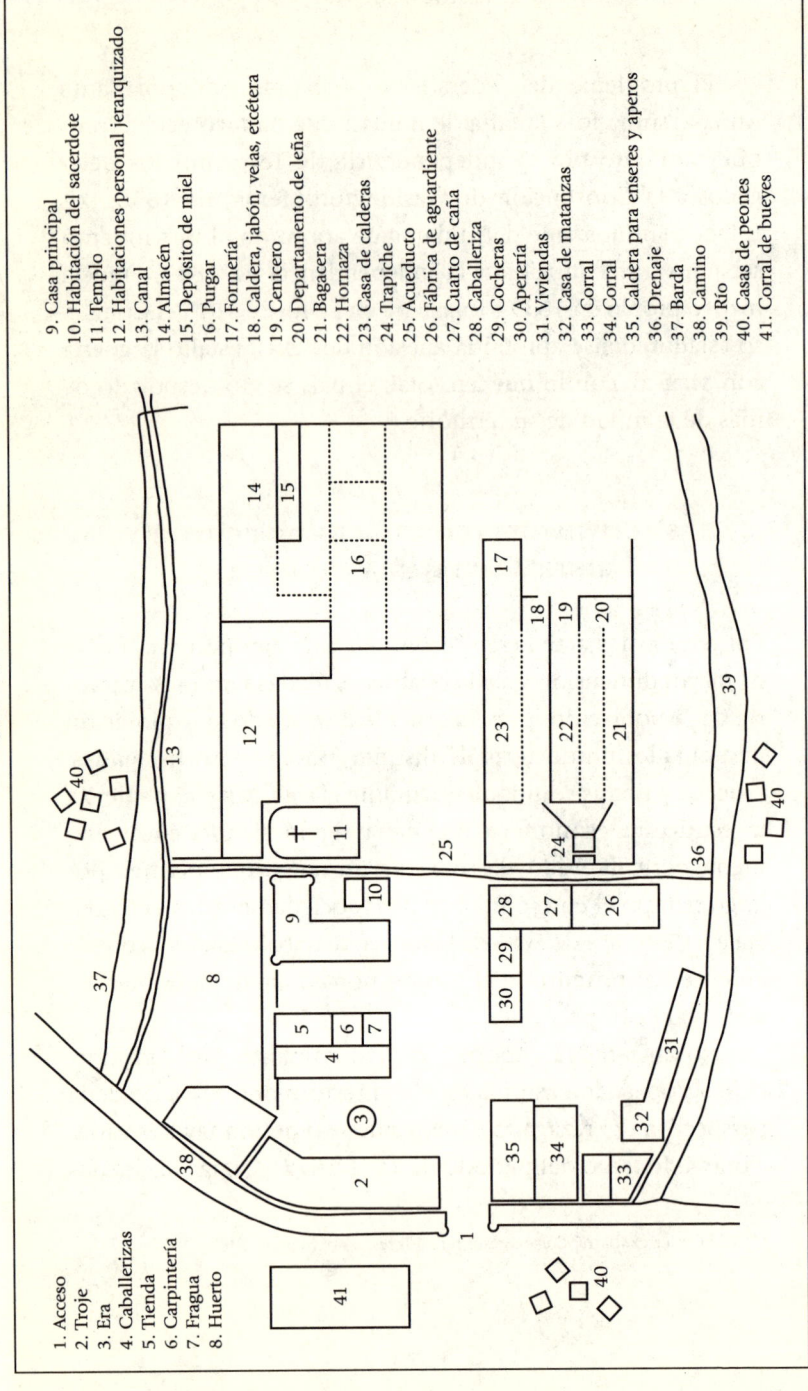

1. Acceso
2. Troje
3. Era
4. Caballerizas
5. Tienda
6. Carpintería
7. Fragua
8. Huerto
9. Casa principal
10. Habitación del sacerdote
11. Templo
12. Habitaciones personal jerarquizado
13. Canal
14. Almacén
15. Depósito de miel
16. Purgar
17. Formería
18. Caldera, jabón, velas, etcétera
19. Cenicero
20. Departamento de leña
21. Bagacera
22. Hornaza
23. Casa de calderas
24. Trapiche
25. Acueducto
26. Fábrica de aguardiente
27. Cuarto de caña
28. Caballeriza
29. Cocheras
30. Apercería
31. Viviendas
32. Casa de matanzas
33. Corral
34. Corral
35. Caldera para enseres y aperos
36. Drenaje
37. Barda
38. Camino
39. Río
40. Casas de peones
41. Corral de bueyes

Fuente: Guillermo Beato y Doménico Síndico, *Notas para una tipología de la hacienda mexicana en el siglo XIX*, Mérida, 1978. Interpretación gráfica de Delia Raquel A. King.

en sus distintas especialidades no experimentaron cambios en la organización funcional de sus espacios constitutivos. Incluso las haciendas más complejas, las azucareras dotadas de amplias instalaciones de procesamiento y frecuentemente con fábricas de aguardiente anexas conservaron su estructura física tradicional (véase la ilustración de la p. 38). Uno de los rasgos más notorios de estos establecimientos eran las enormes construcciones, generalmente abovedadas (purgares), destinadas a la purificación lenta del azúcar. Otros vastos espacios para procesamiento eran la casa de calderas con sus bagaceras adyacentes y el propio trapiche. En todas las sólidas construcciones, a veces impresionantes por su magnitud, la belleza arquitectónica se imponía a la rusticidad técnica de los artefactos e instrumentos elementales. Sucedía que perduraba aún el antiguo método de elaboración tradicional bajo la supervisión del maestro en cuya experiencia se condensaba el conocimiento y la técnica sobreviviente de la Colonia. Aún no llegaban los tiempos en que el dominio sobre la naturaleza permitiría concentrar los avances técnicos no en las personas sino principalmente en los equipos refinados que después de los años ochenta caracterizarían a las haciendas azucareras más modernizadas, cuyas estructuras físicas sólo entonces variarían radicalmente.

Un cambio que afectó a un escaso número de haciendas fue la desaparición de la fuerza de trabajo esclava que aún existía en algunos establecimientos años después del movimiento independentista.

En otro orden de cosas, siguió vigente la concentración de la propiedad rural, lo cual no contradecía que por diversas razones tuviera lugar un marcado fraccionamiento de haciendas y aún de ranchos. Por una parte, hubo procedimientos de acaparamiento de tierras que culminaron en la constitución (y a veces reconstitución) de enormes latifundios, mientras que en otros casos se sucedieron particiones o repartos de propiedades entre herederos, ventas parciales de tierras para pagar deudas hipotecarias o para realizar inversiones en el resto del inmueble o en negocios de distintos sectores.

Entre las formas de acumulación de tierras figuraron las compras sucesivas; las apropiaciones impuestas por la fuerza del poder militar, político o pecuniario, y otras. Era la historia reiterada de la extorsión "protectora" de grupos armados —oficiales o no— en épocas de levantamiento; de la expansión de la hacienda sobre la comunidad y, cuando ésta podía, de la contraparte —la reacción o desquite comunal— ajustada a la correlación variable de fuerzas que producían los tiempos azarosos; de las innumerables compras minúsculas de predios por comerciantes a presionados o corruptos caciques de pueblos indios; de las derivaciones de medidas oficiales como colonizaciones, desamortizaciones y nacionalizaciones.

Las difíciles circunstancias económicas del momento contribuyeron notoriamente al obligado fraccionamiento de haciendas y ranchos, incidiendo en la proliferación numérica de éstos tanto por su desgajamiento de las haciendas a las que habían pertenecido como por la subdivisión territorial de los ranchos en sí, lo que con frecuencia traía aparejado el empobrecimiento de los rancheros al disminuir la superficie de sus explotaciones transgrediendo la frontera de la pauperización. En esta situación también solía incidir el incremento de los miembros de la familia ranchera.

La propiedad inmueble rural no permaneció estática. Numerosos traspasos evidencian una desacostumbrada movilidad de los títulos sobre tierras. Así lo revelan las frecuentes adquisiciones que realizaban hombres de negocios de distintos sectores económicos. Buscaban, a veces, incorporar a sus bienes la explotación rural como alternativa a sus diversas actividades; otras, complementarlas articulando o integrándolas con sus establecimientos —fabriles, mineros— para facilitar la obtención de los insumos agropecuarios requeridos. Por último, una práctica muy extendida en esa época de dificultades financieras fue efectuar adquisiciones para que la propiedad rural sirviera de garantía a préstamos hipotecarios cuyos montos no eran invertidos con fines agropecuarios sino en otras negociaciones del comprador, fueran productivas o especulativas (industria, comercio, préstamos usuarios).

A la par de estas situaciones las unidades rurales de distinta dimensión, y sus fracciones, operaron como medio de pago en variadísimas transacciones de compra-venta, o bien fungieron como aporte de capital en la constitución de compañías o sociedades mercantiles, fabriles, financieras y otras.

El problema rural —en sus diversas modalidades y dimensiones espaciales— trascendía los límites formales de las divisiones sectoriales. De múltiples maneras penetraba los territorios de las variadas actividades económicas, por mencionar tan sólo una de las esferas en que mayor significación alcanzaba su presencia. Recíprocamente la producción agropecuaria podía ser estimulada mediante la demanda de insumos, por la existencia —relativamente próxima— y la buena marcha de explotaciones mineras, fábricas textiles, o poblados de activo tránsito mercantil o de destacada elaboración artesanal, entre otras. A la inversa, la actividad rural podía declinar en periodos de retracción de otros sectores económicos. Otro tanto sucedía con las variaciones de la demanda internacional de algunos productos.

Por su parte, era común —ya se señaló— que los establecimientos mineros, fabriles y otros contaran entre sus bienes explotaciones rurales de diferente dimensión que en diversa medida podían contribuir a satisfacer las necesidades de insumos, lo cual, además de la economía consiguiente, podía disminuir los altos costos de fletes de los pesados productos agrícolas cuando otros posibles proveedores se encontraban alejados.

La gran presencia del sector agrario en los diversos ámbitos de la economía y su sensibilidad hacia las variaciones de las demandas citadas estaban condicionadas por un problema de fondo: el carácter estructural agrario de la sociedad mexicana, con escaso nivel técnico de la producción y de los productores. La baja productividad resultante afectaba en gran medida al aparato económico en conjunto, tornándolo, por extensión, extremadamente vulnerable a las cíclicas variaciones climatológicas, con sus secuelas de hambrunas, carestía de productos alimentarios, y elevación de costos de producción en sectores varios. Acorde con estas condiciones estructurales figuraban las pésimas vías de comunicación, las consabidas trabas a la circulación (alcabalas) y la carencia del transporte más eficiente. Es sabido que los mercados estaban restringidos por la distancia, algo que —al reiterado decir de los autores de la época— con frecuencia dificultaba aliviar la escasez y carestía de productos agrícolas de una zona en crisis con el auxilio de los de otra más favorecida, dados los elevados costos de transportación.

En el seno mismo de la actividad agropecuaria existían relaciones intrasectoriales entre unidades de distinta dimensión y naturaleza. Las haciendas podían comprar a bajos precios los excedentes de explotaciones menores cuya reducida capacidad de venta no podía amortizar los costos de transporte y colocación. Asimismo sucedía con las grandes haciendas azucareras respecto de los pequeños productores que carecían de ingenios para el procesamiento de la caña. A su vez solía suceder que ingenios de gran capacidad y con fábricas de aguardiente anexas podían disponer de excedentes de miel —base para elaborar aguardiente—, por lo cual vendían parte del sobrante a fábricas ajenas.

Una tendencia compartida era la del máximo autoabastecimiento posible para disminuir las erogaciones en dinero. Las explotaciones extensas y de tierras aptas podían apelar al arrendamiento, mediería o formas similares, de parte de sus predios a cambio de un porcentaje de la producción (de maíz, por ejemplo). Arrendadores, medieros y otros solían pertenecer a comunidades adyacentes de tierras escasas o inaptas. Los ranchos, a su vez, diversificaban su producción a pesar de sus acentuadas limitaciones técnicas, invirtiendo el esfuerzo familiar y, eventualmente, el de algún trabajador. Tales unidades productivas calificadas ambiguamente como ranchos podían comprender desde explotaciones ricas en calidad de tierras y extensión hasta pequeñas propiedades al borde de la pobreza.

Rancheros de escasos recursos jornaleros, y un elevado número de trabajadores de comunidades indígenas laboraban en las haciendas como personal estacional en épocas de mayor demanda de brazos, pero sin derecho a ración alimenticia, a diferencia del personal permanente (indio o no) de la hacienda. La relación de explotación más desfavorable de las comunidades indígenas, más la tendencia expansionista de la hacienda sobre sus recursos de tierras y aguas, y las diferentes situaciones políticas conflictivas tensaron hasta el extremo las relaciones con los pueblos indios a lo largo del siglo XIX, periodo en que los movimientos y rebeliones indígenas se sucedieron intermitentemente.

La comunidad era "una unidad socioeconómica" integrada por grupos de familias con derecho común sobre la tierra y con economía familiar cuya producción se destinaba a cubrir las necesidades familiares y comunitarias. La comunidad tenía una jurisdicción bien precisa (aunque sus tierras podían estar dispersas entre otras ajenas). La administración se ejercía mediante un órgano de gobierno municipal —cabildo— que le daba representatividad corporativa frente al resto de la sociedad mexicana. Esta identidad local era reafirmada institucionalmente por una imbricación político-religiosa-económica.

La función política operó como elemento de diferenciación social interna en el sentido de que ocupar un cargo en el cabildo aseguraba un ascenso social y/o reafirmaba la posición dominante de las élites indígenas constituidas. Así, tuvieron lugar fricciones entre quienes lograban ascender (por vía económica, por ejemplo) y los que ya contaban con este estatus.

La abolición, en la época independiente, de la república de indios, de manera legal dejó de lado formalmente la diferenciación racial (que en sí no terminaba con la discriminación social). La representación indígena fue contrapesada relativamente por instancias como la cofradía y la mayordomía (con connotaciones religiosas, de jerarquización social, etcétera). Éstas otorgaban legitimación en el uso colectivo del patrimonio cuando el liberalismo en ascenso atacaba a las corporaciones civiles indígenas. Además, reforzaban la identidad interna y permitieron la resistencia ante los embates gubernamentales o de particulares. La comunidad, no obstante los desgajamientos y desgastes sufridos en recursos humanos y tierras, ha perdurado hasta la actualidad, aunque, considerada en casos particulares, su larga lucha implicó la extinción, la sobrevivencia agónica y la permanencia azarosa.

En el marco de la larga resistencia de las comunidades se inscribieron las insurrecciones indígenas que jalonaron el periodo tratado en este apartado.[5]

---

[5] Guillermo Beato, "Principales aspectos de la economía, la sociedad y la política en México (1821-1910)", en *El poblamiento de México*, t. III, Conapo/Azabache, México, 1993; Enrique Semo, "Hacendados, campesinos y rancheros", en *Historia de la cuestión agraria mexicana*, vol. I, Siglo XXI Editores/CEHAM, México, 1988.

La comunidad indígena es un producto histórico, como lo son también las clases y grupos sociales, la sociedad en conjunto y el Estado mismo. Como producto, construido por los hombres en sociedad a través del tiempo, no permaneció inmutable sino que experimentó desarrollos, cambios, retrocesos y expansiones, perduraciones y extinciones paulatinas y adaptaciones, deterioros y desarraigos. Hasta hoy constituye parte de la realidad heterogénea del país, sobreviviendo, con suerte varia, aunque disminuida, merced a su capacidad de respuesta a los desafíos de los tiempos. Marginada, omitida, negada, permanece.

La primera gran rebelión del siglo XIX tuvo lugar con la revolución de Hidalgo en 1810, fecha común en los movimientos independentistas de Latinoamérica en oportunidad en que el poder central español estaba sometido a Napoleón y el territorio hispano invadido por las fuerzas francesas. El aprovechamiento de la fragilidad del poder central por los rebeldes tuvo en el caso mexicano la particularidad de la participación de miles de campesinos indígenas, sectores populares (castas), y una minoría de criollos que detentaba los mandos militares.[6] En el contexto latinoamericano las revoluciones fueron esencialmente de criollos, aunque en los antecedentes sudamericanos figuraba el movimiento de finales del siglo XVIII en Perú, integrado por decenas de miles de indios comandados por José Gabriel Condorcanqui (retomando el célebre nombre de Tupac Amaru), quien culminó derrotado y reprimido con suma crueldad.

Tanto en el caso peruano como en el mexicano la mayoría de los criollos se abstuvieron de participar, atemorizados por

[6] Leticia Reina, "Modernización y rebelión rural en el siglo XIX", en Armando Alvarado et al., *La participación del Estado en la vida económica y social mexicana, 1767-1910*, INAH, Colección Científica, México, 1993.

la violencia vindicativa de la plebe desposeída, ese "monstruo de mil cabezas" que con frecuencia no distinguía entre propietarios gachupines y criollos. La memoria aristocrática de Lucas Alamán conservaría el recuerdo aterrador de la masacre de la Alhóndiga, la toma de su natal Guanajuato y el angustioso asedio a su casa familiar finalmente detenido merced a la intervención del propio Hidalgo.

Derrotada la revolución de indios y castas tras el movimiento independentista criollo de 1821 en los gobiernos sucesivos destacados pensadores tanto liberales como conservadores cuestionaron la existencia de la comunidad indígena por constituir un factor de "atraso", propusieron el abandono de los criterios protectores coloniales que consideraban al indio como un menor (y no como gente de razón) y, de manera particular (aunque no únicamente), los liberales impugnaron la racionalidad económica de la comunidad como unidad económica colectiva —con preeminencia sobre el interés familiar— y objetaron el derecho que desde la Colonia se les otorgaba sobre las tierras de repartimiento, propios, ejidales, fundos legales, montes y aguas. La desamortización de los bienes corporativos —que afectaba a gran parte de las propiedades eclesiásticas, así como también a las posesiones colectivas de las tierras comunitarias indígenas— tuvo una aplicación condicionada por la situación política y económica de los distintos momentos, por lo que no fue regular sino, en algunos casos aislada, anticipada y muy frecuentemente enredada, postergándose su realización.

En el proceso de desamortización de bienes comunales incidió que las disposiciones estatales tuvieron una dinámica y tiempos propios respecto de la legislación y efectivización de orden federal, que resultaba en una interminable red de respuestas de las diversas comunidades en distintas regiones del país. Los pleitos permanentes, entre los que era común el desconocimiento de lo actuado anteriormente, retrotraía a forjas cero los intentos de regularización de los "derechos nuevos" (subdivisión de tierras y distribución individual en calidad de propietarios).[7] Contribuía a enmarañar cada situación si la mayoría de los indios estaban de acuerdo, si los ausentes habían sido tenidos en cuenta, si los deslindes se habían realizado cumpliendo las normas debidas, si las mojoneras de las facciones habían desaparecido, si había litigios internos, papeles y documentos como padrón de indígenas, planos, y sobre todo si el libro de hijuelas existía, etcétera. Es decir, se dieron numerosos casos en que la ley fue obstruida y el proceso de reparto, al decir de Robert J. Knowlton, se tornaba "interminable".

Una serie de levantamientos tuvo lugar en distintas partes del país cuando por conflictos internos y externos (invasión estadunidense) se pretendió obtener recursos económicos a costa de la enajenación de tierras comunales, o cuando se tornaron gravosos los variados impuestos y contribuciones civiles y eclesiásticas,[8] o se acentuaron los abusos inferidos dentro y fuera de las haciendas. Importa recordar que los problemas se exacerbaban por estar inmersos, ya se dijo, en una estructura económica agraria técnicamente deficiente, en particular sensible a los infortunios climáticos y en cuyo contexto las comunidades indígenas pugnaban por su propia razón de existir.

No es extraño que, por las razones antedichas, los movimientos armados indígenas desde tiempos tempranos de la independencia estallaran en distintas regiones del país. Llega-

---

[7] Robert J. Knowlton, "La división de las tierras de los pueblos durante el siglo XIX: el caso de Michoacán", en *Historia Mexicana*, El Colegio de México, México, 1990.
[8] Leticia Reina, *op. cit.*

das las Leyes de Reforma de 1857 su aplicación experimentó múltiples vicisitudes acordes con las luchas internas de tres años, la intervención francesa y la guerra contra Maximiliano, dado que las relaciones, acuerdos y alianzas con los indios podían aconsejar la inoportunidad de hacer efectivas medidas que éstos rechazaban. Por su parte Maximiliano estrechó vínculos con diversas comunidades y dejando de lado coincidencias con las posiciones liberales —que a despecho de sus adeptos conservadores iba asumiendo— fue más contemplativo con los terrenos de las poblaciones indias. A todo esto el monárquico y erudito Francisco Pimentel, próximo al emperador, criticaba con acredad la dotación de tierras que desde la Colonia la Corona había asignado a los pueblos.

En segundo lugar, de importancia en el contexto económico destacó durante todo el periodo de la actividad minero-metalúrgico abocada esencialmente a la obtención de plata y oro que, por excelencia, constituyeron los productos más valiosos para exportación. En ambos sentidos hubo continuidad respecto del pasado colonial, dado el carácter predominante de dichos metales preciosos en la producción minera y como productos de exportación. No obstante, desde el punto de vista de los valores y volúmenes alcanzados, estuvieron alejados de los niveles logrados antes de la caída de la producción en los primeros decenios del siglo XIX.

A diferencia de lo que sucedía en el sector agropecuario, sí hubo un cambio significativo al menos en el intento de aplicar algunas técnicas nuevas en las explotaciones más avanzadas, lo que estuvo directamente relacionado con un hecho novedoso: la irrupción de importantes capitales británicos en la extracción y beneficio de plata y oro. Sin embargo, el traslado de una tecnología disociada de una estructura industrializada tropezó con las condiciones de un país agrario atrasado.

Las compañías británicas mineras, que desde los años veinte operaron en el país —en parte por iniciativa de Lucas Alamán— predominaron en la actividad hasta mediados del siglo. Pese a las inyecciones de equipos técnicos y capital, no pudieron cumplir las esperanzadas expectativas productivas que habían alentado su instalación, lo que acarreó el derrumbe económico de la generalidad de las firmas. Como se señaló, los volúmenes producidos distaban grandemente de los alcanzados en el periodo 1781-1810, y esto era importante en distintos sentidos. Uno, porque a menor prosperidad para las minas menor oportunidad para otras actividades del mismo sector y de otros. Las minas eran grandes consumidoras de sal, que se extraía en distintas regiones del país, y de azogue para beneficiar el mineral. El azogue —monopolizado por británicos— subió de precio en esos tiempos, hasta que en los años cuarenta se descubrieron en California los yacimientos de Nueva Almadén, lo cual implicaría la baja de su costo.[9] Asimismo las minas —devoradoras de bosques— requerían maderas, del lugar o no; leña, animales de carga, granos, forrajes y alimentos en general, además de cueros y otros productos de establecimientos agropecuarios integrados con la empresa minera o adquiridos a otros productores directamente o a través de comerciantes. También requerían pólvora en gran cantidad, hierro, acero y todo tipo de herramientas, maquinaria y otros insumos. En otras palabras necesitaban fuerza de trabajo de muy variado nivel, desde los calificados técnicos extranjeros hasta mineros de los que se podía disponer en la singular conformación social del medio con cierta o baja calificación, e incluso trabajadores forzados (presidiarios).

---

[9] María Cristina Urrutia y Guadalupe Nava Oteo, "La minería (1821-1880)", en Ciro Cardoso (coord.), *México en el siglo XIX, 1821-1910. Historia económica y de la estructura social*, Nueva Imagen, México, 1994.

La mala fortuna de casi todas las empresas mineras británicas —triste suerte que también acompañó, entre otras, a la Compañía Alemana de Minas (1824-1838) creada por accionistas de la Compañía de Indias—[10] afectó al sector externo. Las limitaciones en la producción de metal precioso implicó en gran medida una reducción de las exportaciones en general, dado el enorme peso que este producto de exportación representaba, contrariando las expectativas que los gobiernos en turno se habían forjado sobre los ansiados ingresos del comercio exterior. Sucedió que las cifras de producción en kilos de plata durante el periodo de 1820-1840 habían sido menores aún que en el periodo crítico de 1800-1820.

A mediados del siglo y ya con la presencia de sociedades mineras integradas sobre todo por nacionales y extranjeros residentes (e hijos de éstos) se fue acentuando una tendencia ascendente en la producción, de modo que en el periodo de 1840-1860 se lograron las cifras de 1800-1820 y, más tarde, entre 1860 y 1880, recién se superaron con holgura las elevadas cantidades obtenidas en los últimos años del siglo XVIII.

Se ha señalado que este ritmo productivo tuvo que ver con las mejoras (en diversos sentidos) introducidas por las anteriores compañías británicas que no habían tenido oportunidad de usufructuar los beneficios de estas mejoras, lo que tiempo después benefició a mexicanos y extranjeros residentes que los sustituyeron.

El tercer lugar en importancia, en función de su amplitud y para todo el periodo, lo ocupó la actividad artesanal, libre desde 1814 de las reglamentaciones corporativas que regularon esa forma de producir durante la Colonia.

---

[10] Brígida von Mentz, "El capital industrial alemán en México", en Brígida von Mentz et al., *Los pioneros del imperialismo alemán en México*, Ediciones de la Casa Chata/CIESAS, México, 1982.

Un gran número de personas desarrollaban actividades artesanales de todo tipo, entre las que destacaban la de textiles de lana y algodón. Éstas, en lo que hace a la producción de hilo de mantas, experimentó las consecuencias de la aparición en los años treinta de la industria fabril con sus producciones de hilazas, hilos y mantas baratas, reduciendo el espacio de los productores artesanos, si bien encontraron entre ellos compradores de hilaza e hilos necesarios para la producción artesanal.

Algunos artesanos encontraron acomodo como trabajadores en las "modernas" fábricas textiles; en general no jugaron un papel significativo desde el punto de vista de su evolución como personal técnico. De modo que ni los instrumentos elementales de los productores artesanales ni ellos mismos participaron en un largo proceso que transformara esa manera de producir artesanal en otra: la producción capitalista fabril.

Dentro de los amplios límites posibles del desarrollo de la industria artesanal el nivel alcanzado en el México de este periodo no era precisamente refinado, sino que predominaba cierta rusticidad acorde con la estructura reinante en el país. No era el caso, como se ha dicho, de países como la Prusia decimonónica anterior a su industrialización, cuya estructura de rasgos feudales había alcanzado un elevadísimo grado de madurez en los diversos órdenes y, además, estaba a un paso del área geográfico-económica donde diversos países se asomaban ya a su propia revolución industrial. El obraje, que había representado la expresión más sencilla de la manufactura, se extinguiría con rapidez en el México independiente.

La industria fabril textil, que en México apareció muy tempranamente (años treinta) —en relación con el contexto latinoamericano—, constituyó un proceso de gran significación pues representó una manera de producir claramente capitalista, y fabril, inserta en una sociedad heterogénea en la que coexistían diversos modos de producción.

Esta actividad que se convertiría en poco tiempo en la principal industria de transformación durante todo el periodo tenía como base la producción de tejidos de algodón baratos, de lana, hilaza e hilo. Pero no había arrancado de la nada, sino de una realidad, la existencia previa de un mercado popular hasta entonces cubierto por la artesanía y el obraje textil, a lo que se sumó la importancia de mercancías similares de Gran Bretaña, todavía el único país protagonista de la Revolución industrial. En esta revolución los productos de algodón baratos, entre otros factores, habían jugado un papel decisivo, lo que para los pioneros de la industria fabril textil mexicana no era desconocido.

Un problema a resolver para estimular el nacimiento y arranque de esa industria era protegerla de los económicos paños importados, mediante gravámenes y, de ser posible, exigir directamente prohibir su importación. En el contexto de esas alternativas se externaran las opiniones de quienes veían en la industria una de las más importantes herramientas transformadoras, de la penosa realidad económica mexicana. Otros, que auguraban el desastre de tales proyectos, apuntaban a la transformación del agro como la vía más idónea para rescatar al país del atraso.

Como es sabido, Lucas Alamán fue un político, funcionario y empresario que pugnó, entre otras cosas, por el establecimiento del Banco de Avío (1830-1842) sustentado en el gravamen sobre importación de textiles cuyo importe se destinaría a préstamos para fomentar actividades especialmente industriales, entre ellas la textil. Esteban de Antuñano —pensador y empresario— exaltó como una creación genial la iniciativa sobre el Banco de Avío, aunque se consideró a sí mismo padre de la industria textil, según externó sin demasiados reparos.

Diversos autores han señalado el fracaso de aquella institución de corta vida, centrando sus análisis en las cuentas de lo prestado y lo recuperado, así como también en la suerte de los negocios asistidos. Otros, con ciertas reservas, y algunos más sin ellas, consideraban que fue un empeño positivo.

Si se analizan las fechas coincidentes con la época del Banco de Avío y las de años subsecuentes, que constan en las estadísticas más confiables de esos tiempos, se observa el surgimiento de un número significativo de fábricas instaladas, muchísimo más allá de las beneficiadas por el Banco. Si además se observan las entusiastas publicaciones oficiales de Alamán y los no menos optimistas artículos periodísticos que no llevan su firma pero sí denotan su mismo ánimo publicista, se tiene la idea de una etapa en que ostensiblemente se vivía una atmósfera de confianza "empresarial" en las perspectivas de la actividad bajo la beneplácita mirada del gobierno, es decir, que se había contribuido a generar un clima estimulante para invertir en la nueva industria.

El temprano y casi abrupto arranque de la industria textil fabril en México fue posible gracias a la adquisición de maquinaria moderna en países avanzados en la especialidad, lo que supuso enfrentar graves problemas de traslados marítimos —incluyendo naufragios— y penosas dificultades terrestres que imponía la precaria infraestructura vial y portuaria, así como la complicada geografía del país. A todo esto se sumaron obstáculos relacionados con la orfandad técnica del medio y, ante la carencia de técnicos nacionales, hubo que apelar a la contratación de especialistas extranjeros. En cierto modo eran problemas que también afectaban a otros sectores (minería, por ejemplo).

Interesa destacar aspectos relevantes a propósito de este brote productivo fabril. Rápidamente un número respetable de fábricas se esparcieron en distintos estados del país. A finales del periodo (1877) se contaba con 99 fábricas. La producción del artículo por excelencia, la manta, tuvo una tendencia ascendente manifiesta, considerando las cifras de 1843, 1854 y 1877-1878, esto es, respectivamente, 339 820, 875 224 y 3 795 408 piezas de manta. Entre la primera y la última fecha (43 años de diferencia) la elaboración de piezas de manta se multiplicó por 11.

Sin embargo, corresponde señalar otro aspecto de la cuestión textil: la estrecha dimensión de los mercados, ya que en general los establecimientos tendían a cubrir las necesidades de mercados locales. También cabe considerar qué punto alcanzó la trascendencia del fenómeno y, asimismo, cuáles eran sus límites.

La mayor significación residió en el nacimiento de una modalidad distinta en la producción textil, ya que los niveles de producción de esta industria con maquinaria moderna (o relativamente moderna) sentaron las bases para la principal industria de transformación hasta bien entrado el siglo XX. Su nivel productivo mantuvo un ritmo ascendente durante los dos periodos considerados, aunque no fue tan pronunciado —lógicamente— a partir del respetable nivel mencionado de 1877. Asimismo esa trayectoria tendencial experimentó alteraciones circunstanciales, incluso graves, como las crisis, de entre las cuales la de 1907 coincidente con la famosa huelga textil de Río Blanco que fue cruelmente reprimida.

La actividad operó como una suerte de eje alrededor del cual se fue constituyendo un grupo de industriales de gran importancia para el proceso de formación de la burguesía en México, aunque entre otros factores el carácter restringido de los mercados para la nueva industria condicionó que durante largo tiempo se tratara de grupos sociales burgueses regionales pero aún no de la formación de una clase burguesa, capitalista a nivel nacional. Tampoco el proceso formativo del mercado nacional y del mismo Estado nacional habían logrado consolidarse.

Como contraparte de la paulatina conformación histórica de grupos burgueses vinculados a la joven industria fabril se fueron constituyendo, a su propio ritmo y con sus peculiaridades, los gérmenes de una incipiente clase obrera.

La fuerza motriz para la operación de los equipos en esos primeros tiempos no provenía de máquinas de vapor, salvo casos realmente excepcionales. La fuerza motriz predominante era de origen hidráulico (por eso la reiterada experiencia de instalar fábricas textiles donde existieron molinos movidos por corrientes de agua). También se aplicaba tracción animal, provista por el ganado mular, y pocos establecimientos dependían de la fuerza de brazos humanos.

Además de estas limitaciones técnicas, había serios obstáculos para remozar los equipos, ya que eran importados y las inestabilidades políticas —por motivos internos y externos— y las dificultades económicas que imponían las características del medio magnificaban los inconvenientes para mantener y actualizar los niveles técnicos de las instalaciones. No era de sorprender que dentro de las instalaciones coexistieran instrumentos, artefactos y equipos antiguos y "modernos".

En realidad existía un problema de fondo que ha perdurado largamente, en diversos órdenes de la vida económica y social de México y Latinoamérica condicionando el desarrollo de estos países: las opciones de crecimiento económico apuntaron a aprovechar las oportunidades más accesibles y con perspectivas de rendir resultados en poco tiempo, y no a la resolución de los problemas desde sus raíces para lograr transformaciones más trascendentales a largo plazo. En este segundo caso se plantea un dilema sustancial: ¿habrían existido las condiciones para lograrlo? La opción menos riesgosa, de probabilidad más próxima, era aprovechar una ventaja a la que se ha hecho referencia: existía un mercado para productos de algodón baratos. En consecuencia, podía ser conveniente importar las máquinas para fabricar estos productos en el país y dominar el mercado aumentando la productividad con técnicas modernas. Esta vía implicaba —en términos relativos— una inversión modesta. La opción significó impostar en una estructura eminentemente agraria y de desarrollo precario un producto (los equipos) importado de un medio de elevado desenvolvimiento técnico, con capacidad para crear y generar —o reproducir sin mayores inconvenientes— conocimientos científicos y tecnológicos, así como para formar personal adecuado a los diferentes niveles de especialización requeridos. En un entorno donde se correspondían vías de comunicación adecuadas, transportes, formas de financiamiento y comercialización, reglamentaciones y legislaciones. Es decir, existía una sociedad cuyas estructuras e infraestructuras se encontraban en proceso avanzado de modernización desde hacía largo tiempo, por lo cual la sociedad en conjunto, o bien gran parte de ella, había experimentado cambios profundos: se habían producido transformaciones seculares en su seno, hasta arribar a la industrialización.

No era extraño que el traslado de maquinaria presentara dificultades en el medio mexicano de la época que carecía de transportes y financiamiento eficientes. La transformación que trajo consigo la instalación de las fábricas textiles fue significativa en lo concerniente a la rama textil, al punto de hacer de ella —ya se dijo— la principal industria de transformación. Pero este fenómeno no provocó amplias repercusiones en el seno de la heterogénea sociedad receptora. Fue limitado. No tuvo un efecto revulsivo en la estructura del país. Sin embargo, corresponde rescatarlo, aunque fuera una modernización sin raíces. Aunque hubo voces que sin demasiadas precisiones lo proponían, de hecho no se produjo en el país la maquinaria requerida.

## SOBREDIMENSIÓN DE LAS ACTIVIDADES ESPECULATIVAS. FINANZAS, IGLESIA Y COMERCIO

Durante el periodo 1821-1877 hubo una pronunciada escasez de capitales, en particular de capital líquido. La falta de disponibilidad de capital extremó el margen de maniobra especulativa de quienes contaban con recursos para financiamiento.

La delicada situación fiscal de los nuevos gobiernos independientes —padecimiento compartido por diversas administraciones latinoamericanas— contribuyó en México a magnificar la significación de los escasos capitales en manos de los especuladores, al punto que se ha calificado a estos años como "la época de los agiotistas". La sobredimensión del papel financista trascendió las fronteras del sector, penetrando en el conjunto de las actividades económicas y afectando tanto a nivel público como privado.

No bien los países latinoamericanos se asomaron a la independencia, urgidos por sus múltiples problemas económicos, solicitaron préstamos a Gran Bretaña cuyos capitales en esa época se orientaron en gran medida al financiamiento internacional y en menor grado a la producción, como el caso minero de México. Se inició así la prolongada historia de la deuda externa que incluso llegó a incorporar endeudamientos anteriores correspondientes a los tiempos últimos del dominio español.

Las dificultades de los primeros gobiernos mexicanos independientes para obtener recursos mediante las contribuciones fiscales se acentuaban, entre otros factores, por falta de control real sobre los confines del territorio del país. La situación se complicó al disponerse la federalización impositiva, lo que supuso mayor participación de los estados en la percepción de gravámenes y, por consiguiente, la disminución de ingresos para el gobierno central. Además de adoptarse como política fiscal gravar considerablemente al comercio exterior, se buscó obtener recursos a través de préstamos de sociedades financieras extranjeras, a la par que se apeló al endeudamiento con firmas que operaban en el país.

El gobierno mexicano obtuvo fuertes préstamos en Londres otorgados de la casa Goldschmidt (1824) por 3 200 000 libras esterlinas, equivalentes a 16 millones de pesos, de los cuales entre intereses, comisiones y deducciones varias terminó percibiendo solamente 5 686 197 pesos —un tercio del valor nominal del préstamo—. Asimismo la Casa Barclay le concedió otros nominales 16 millones de pesos, que en la práctica se redujeron a 11 333 298, pero aún se descontaron cerca de tres millones por el rescate de los bonos del primer préstamo, además de otros dos millones perdidos por malos manejos de los funcionarios mexicanos en Londres. A la postre el capital disponible se reducía a 12 184 810 pesos.

La suma nominal prestada (32 millones de pesos) debía devolverse, además de los intereses generados, todo lo cual se garantizó con 66% de los impuestos por recaudar, afectando así los ingresos futuros aduaneros.[11]

Más de 50% del total de los préstamos obtenidos se invirtió en gastos administrativos gubernamentales, otro 15% fue

---

[11] Jan Bazant, *Historia de la deuda exterior de México (1823-1946)*, El Colegio de México, México, 1968.

destinado a equipos militares y con buena parte del resto se cubrieron compromisos de deudas vigentes anteriores.[12] El detalle evidencia que los préstamos no tuvieron por destino vigorizar la economía del país sino liberar al gobierno central de la presión ejercida por los rezagos presupuestarios que arrastraba. Esta situación de endeudamientos para resolver —o postergar— problemas económicos acumulados, y no para encarar inversiones en mejoras de infraestructura, del aparato productivo, del nivel educativo de la población, y otras, caracterizaría en buena medida a la historia de la deuda mexicana y latinoamericana.

Casi inmediatamente a las operaciones mencionadas se produjo en Gran Bretaña la quiebra de buen número de firmas comerciales y financieras, entre ellas las citadas Goldschmidt y Barclay, lo que produjo una retracción en las actividades financieras internacionales.

A todo esto, la inestabilidad política y económica que hubo de sufrir México por sus enfrentamientos armados intestinos, el conflicto de Texas, la guerra con los Estados Unidos, la intervención francesa y la lucha contra el emperador Maximiliano condujeron a retrasos y suspensiones de pagos; negociaciones de deudas impagas por otras nuevas, pero mayores; concertación de convenciones con potencias europeas; desconocimiento de compromisos adquiridos por el usurpador Maximiliano y otros.

En ese contexto convergieron con el problema de la deuda externa diversos prestamistas (agiotistas) nacionales y extranjeros residentes, que por su capacidad financiera coparon el negocio de especular con la deuda pública, prestando al gobierno

---

[12] Bárbara A. Tenenbaum, *México en la época de los agiotistas, 1821-1857*, FCE, México, 1985.

sumas importantes. A la vez adquirían bonos gubernamentales depreciados en la plaza para luego redimirlos por su valor real al hacer cuentas con el gobierno.

También intervinieron especulativamente adelantando al tambaleante gobierno de Santa Anna sumas mucho menores a cambio de los 10 millones de pesos que los Estados Unidos pagaría por la venta del territorio de La Mesilla, al sur de Nuevo México y Arizona. Poco después algunos agiotistas extranjeros residentes participaron, igualmente, favoreciendo la intervención para hacer pagar sus créditos internos, amparándose en su condición de nacionales de dichos países o bien por ser "súbditos" protegidos de ellos. De esta manera las deudas del gobierno con los agiotistas radicados que eran internas por un acto de fuerza (la intervención armada), se convertían en deuda externa.

México repudió los enormes empréstitos contraídos por Maximiliano, al igual que los acuerdos que realizó elevando a más de 50% la capitalización de los intereses de deudas anteriores. Juárez reconoció sólo el monto anterior a la intervención (51.2 millones de pesos). De todas maneras el país no estuvo en condiciones de cumplir los pagos consiguientes, por lo cual quedó marginado del "auxilio" financiero externo, hasta que en los años ochenta se restableció su crédito.

La inexistencia de instituciones bancarias confirió a la Iglesia, el papel de entidad financiera pero no siempre podía o deseaba cubrir los préstamos solicitados, lo que dio lugar al ejercicio del préstamo particular desde los tiempos coloniales. A los prestamistas especializados en esa actividad, muy pronto se les incorporaron hombres de negocios que abrazaron el "oficio" como alternativa redituable a sus demás ocupaciones. Un rasgo reiterado hasta la saciedad fue la importante presencia de comerciantes entre los prestamistas.

Entre los llamados agiotistas figuraban destacados personajes que, con base en sus capitales y capacidad especulativa para aprovechar de inmediato cualquier oportunidad de obtener ganancias, se habían encumbrado en los más altos círculos sociales, políticos y económicos. El reducido grupo estaba integrado por acaudalados hombres tanto mexicanos como extranjeros y con frecuencia no perdían la ocasión de especular, aunque con ello perjudicaran las arcas —a menudo exiguas— de los gobiernos en turno, así como a la población en sus diferentes niveles sociales, y al país mismo.

Debido a que el gobierno estaba en esos tiempos casi siempre en la cuerda floja presupuestaria, apelaba a pagar sus compromisos con bonos frecuentemente respaldados por ingresos futuros (contribuciones aduaneras). Quienes recibían estos bonos (incluyendo viudas de militares, por ejemplo) no siempre podían esperar el tiempo de vencimiento para que el gobierno les cubriera el total de su valor nominal. En consecuencia, los diversos bonos eran vendidos a un valor depreciado y participaban en muy distintas transacciones, operando como medios de pago en una economía enrarecida por la escasez de dinero, en donde los agiotistas medraban a costa de las angustias de particulares pobres, colegas negociantes en aprietos, urgencias oficiales, y otras. Oportunamente presionaban al gobierno para cobrar bonos adquiridos y sus propios documentos por deudas oficiales contraídas con ellos. Estos y otros procederes no eran demasiado originales, formaban parte —con sus peculiaridades— de la clásica historia de acumulación de capital a la sombra de la deuda pública.

A menudo los agiotistas, además de practicar la usura, eran también comerciantes de fuertes rasgos especulativos. Como se señaló, una buena parte eran extranjeros y no era extraño que fungieran como cónsules de los principales países de América y Europa relacionados con México. Paralelamente podían ser súbditos de alguna potencia, sin que por esto tuvieran la obligación de ser nacionales de la misma. De allí que contaran con el apoyo diplomático para presionar —a veces insolentemente— cuando se planteaban diferencias entre ellos y el gobierno, situación que como es sabido alcanzó el extremo de la intervención armada de Francia, Inglaterra y España por la reclamación del pago de la deuda externa, y de la interna vinculada a sus súbditos. Las convenciones a las que fueron arribando estos problemas, como se dijo, llegaron a incluir adeudos internos como parte de la deuda externa.

A propósito de la naturaleza del capital de extranjeros agiotistas, comerciantes-prestamistas, industriales, mineros, y otros, ha habido una serie de comentarios de diversos autores, sin que rigurosamente se haya planteado una polémica precisa. La cuestión amerita fijar una posición.

1. No es lo mismo capital extranjero que capital de extranjeros residentes. El primero tiene su base en el exterior, desde donde se proyecta con el objeto de obtener beneficios que principalmente revierten a la sede de origen. Si bien en el periodo de 1821-1877 hubo inversiones de capital extranjero, fue en el segundo momento (1877-1910) cuando arribaron grandes capitales a México y a otros países, fenómeno conocido también como el inicio del imperialismo.
2. El capital de extranjeros a quienes se califica de residentes es aquel que pudo haber sido acumulado en el extranjero y traído por quienes se afincaron —por lo común definitivamente— en el país, o bien lo que sucedió más a menudo, que fue acumulado de manera parcial o en su totalidad en México. Los capitales de

residentes, independientemente de dónde fueron acumulados, a la postre se mexicanizaron a través de las generaciones descendientes de dichos extranjeros. Algunas formas de excepción tuvieron lugar cuando una minoría retornó con capitales a su país natal, o bien cuando éstos fueron invertidos parcialmente desde México en el extranjero.

3. Entre los hombres de negocios hubo una gran presencia de extranjeros residentes (inmigrados), fenómeno observado también en otros países latinoamericanos. Si fueron mayoría o no entre los empresarios es una discusión ociosa, máxime si no se toman en cuenta los distintos ámbitos regionales. Lo indiscutible es que la participación de extranjeros residentes (e hijos) fue muy elevada, en los niveles principales de las actividades económicas en relación con el escaso número de extranjeros que vivían en la población.

4. Que a lo largo de todo el periodo tratado, y sobre todo durante el primero, hubiera negociantes extranjeros residentes vinculados con los países (y sus firmas) natales, no implica que la naturaleza de esas relaciones fuera de tipo "imperialista", algo que sí sucedería durante el porfiriato con las firmas de capital extranjero en relación de subordinación con las casas centrales metropolitanas. En general las vinculaciones de los residentes se daban más por el contacto de clientes que se abastecían de artículos varios —a veces como consignatarios a comisión— o bien de relaciones por distintos tipos de servicios (giros, créditos).

5. Suele suceder que en la consideración de los procesos históricos del siglo XIX se apliquen con antelación conceptos y condiciones que en realidad tuvieron lugar

a partir de los últimos decenios del siglo. La participación de países latinoamericanos en la división internacional del trabajo, acompañada de la revolución en los transportes por tierra y marítimos, y el *boom* de las exportaciones e importaciones en el llamado subsistema centro-periferia se ubica con claridad a finales de la centuria y no en los primeros 50 años de la independencia. La introducción del ferrocarril, salvo casos aislados, fue tardía en Latinoamérica, y México estuvo a la zaga respecto de varios de estos países. Las condiciones de Gran Bretaña —si bien privilegiada— no eran similares en los dos periodos señalados y menos aún lo eran las de otros países avanzados.

En razón de la mencionada escasez de capitales, el espacio que la Iglesia como entidad financiera no cubría y la inexistencia de una verdadera institución bancaria permitió a los prestamistas particulares moverse con gran dinamismo —por las rápidas acumulaciones que lograban—, de modo que durante decenios la especulación usuaria medró sobre las diversas actividades económicas.

Un procedimiento muy socorrido fue el endeudamiento por parte de propietarios de diversas unidades productivas (fábricas textiles, haciendas, minas) a través del préstamo y/o del abastecimiento de insumos, equipos, etcétera. Solía suceder que el acreedor especulador fuerte comprara a otros acreedores menores sus créditos contra el endeudado propietario, pero pagándoles una suma muy inferior a la deuda nominal. La posición de fuerza residía en que estaba en condiciones de enviar a la quiebra al deudor y de ser, frecuentemente, el único que podía hacerse cargo del monto en que se ponía en liquidación la unidad productiva en cuestión.

Casi siempre se remataba a un precio de 66% del valor nominal, a lo que había que restar el precio nominal de los créditos de acreedores varios transferidos con depreciación. Formas parecidas a la indicada fueron habituales, y los acreedores mayores lograban la transferencia de esos bienes, es decir, transferencia de riqueza o acumulación de capital. Estas transferencias implicaban obtener un bien liberado de múltiples préstamos a menudo con intereses arrastrados en el tiempo. En consecuencia, ya no había que deducir de la eventual rentabilidad de la unidad los pagos por deudas e intereses que hasta entonces drenaban la renta y que constituían una verdadera rémora para el desenvolvimiento de la negociación.

El préstamo particular usuario avanzó a medida que la Iglesia fue retrocediendo en su papel financiero, y declinó, aunque sin desaparecer, con el advenimiento de la banca "moderna" a partir del último cuarto del siglo XIX, a excepción del Banco de Londres que como solitaria expresión se estableciera en México en 1864.

Préstamo particular, comercio y crédito mercantil constituyeron en México y otras partes de Latinoamérica actividades preferidas. A partir de su ejercicio se constatan innumerables casos que trascienden a otras actividades sectoriales, conservando o no la vía previa de acumulación de capital. La diversificación en el accionar en los distintos ámbitos de la economía es un fenómeno observable en diversas regiones mexicanas y latinoamericanas, antecedida casi siempre por la especulación comercial y financiera. En efecto, dichas vías de índole fuertemente especulativas no tenían la capacidad de producir por sí mismas excedentes, pero sí estaban en condiciones de succionarlos del ámbito productivo mediante las prácticas ejemplificadas o por medios similares.

Es importante observar que a lo largo de todo el periodo de estudio la reiteración —no absoluta pero sí con presencia muy acentuada— de la antesala, especialmente mercantil, para abordar después otras actividades económicas y operar de manera simultánea en varias. Comerciantes-prestamistas muy reconocidos figuraron en número relevante entre los propietarios de fábricas textiles de la época. Asimismo formaron parte de la serie de sociedades mineras de extranjeros residentes y de nacionales creadas luego del fracaso casi general de las compañías británicas. Ya se ha mencionado la incorporación habitual de unidades rurales de dimensión variable por parte de muchos propietarios de distinta ocupación.

Ese rasgo fuertemente especulativo caracterizó al quehacer económico de grupos burgueses capitalistas en formación, otorgándoles una peculiaridad no compartida por toda la heterogénea clase dominante.

De ello se desprende que el grupo más dinámico por la variedad de actividades desarrolladas —a veces simultáneamente— es el de una reconocida trayectoria mercantil. A través de ella acumulan capital que invierten en otros sectores, con la perspectiva de obtener plusvalía extra, ya que las necesidades de sus comercios están satisfechas y no requieren esfuerzos mayores. Sus participaciones en otras actividades, además de expectativas de ganancias, suponen más seguridad ante posibles riesgos, dado que cubren todo un espectro de inversiones sectoriales. Asimismo el poder económico actúa sobre un verdadero horizonte de vinculaciones sociales, políticas y culturales, aunque los frutos de ellas a veces no sean inmediatos. El prestigio social no marcha al mismo ritmo que la prosperidad económica, pero ésta tiene sus propios y sólidos argumentos para, con el tiempo, disipar o disminuir diferencias sociales. Es cierto, por otra parte, que suele haber reticencia para lanzarse a la lid política (y también para ser aceptado en ese campo por tanto tiempo reservado). Pero los canales de las relaciones con el poder político pueden ser más sutiles, menos manifiestos que el de su ejercicio directo, con nombre y apellido y, sin embargo, eficaces hasta donde lo permiten ciertos límites de distinta índole (flexibilidad relativa de la ley, oposición de intereses varios, y otros).

Estos embrionarios grupos de perfil mercantil y financista, pero de vocación multisectorial, reproducen el fenómeno apreciado en distintas investigaciones regionales a propósito de la constitución histórica de grupos sociales dominantes. Con sustituciones, incorporaciones y deserciones se va gestando un grupo distintivo en el seno de las llamadas clases propietarias que con el tiempo se constituye en el eje más dinámico de éstas. Tal grupo adquiere particular homogeneidad con base en su común y simultáneo accionar en los distintos sectores económicos, lo que lleva a afirmar que no se aprecia con claridad un fraccionamiento de clase con sensibles contradicciones internas al estilo de las existentes en otros medios (entre burguesía industrial, burguesía mercantil, burguesía financiera).

Cierto aire especulativo campea en el grupo aludido y también en otros integrantes de los más altos niveles de la sociedad.

Los capitales invertidos en la industria optan por las ramas alimentaria, extractiva, del vestido y otras, pero no concurren a la fabricación de bienes de capital, ya que las condiciones del desarrollo alcanzado en las estructuras sociales del medio hacen imposible competir con los países industrializados. Será hacia estos países de estructuras sociales altamente desarrolladas hacia donde converjan los capitales destinados a la producción de bienes de capital.[13]

---

[13] Guillermo Beato *et al.*, "Los grupos sociales dominantes en Córdoba", en Guillermo Beato (coord.), *Grupos sociales dominantes. México y Argentina (siglos XIX y XX)*, Dirección

Según el *Times* de Londres, hacia 1830, el capital británico invertido en América Latina; 26.8 millones de libras esterlinas estaba distribuido así: cinco millones en el comercio, 17 millones en bonos del gobierno y 4.8 millones en las minas; y el 40.2% se encontraba en México. De ese total de 10.6 millones invertidos en el país, 6.4 correspondían a préstamos y 4.2 a la minería. Al decir de Tenenbaum, para 1854 las inversiones británicas en México se habían reducido a niveles prácticamente inexistentes.[14]

Diez años más tarde —1864—, en época del emperador Maximiliano, comenzaría a operar la primera institución bancaria privada en el país: el Banco de Londres y México, que contaba con un capital de 2.5 millones de pesos (medio millón de libras esterlinas). Inicialmente era una sucursal de The London Bank of Mexico and South America Ltd. Introdujo el uso de billetes de banco, practicaba la compra y cambio de monedas, giros, cobranzas, descuentos mercantiles, depósitos a plazo fijo y a la vista, créditos a la industria y al comercio y préstamos sobre prenda y consignación. También se ocupó de otorgar préstamos hipotecarios, aunque poco después abandonó esta actividad debido a la ausencia en la legislación, de garantía al acreedor.[15]

El Banco de Londres perduró sin competencia de otras instituciones bancarias hasta el final del periodo, oportunidad en que se sucederían los establecimientos de bancos tanto en la capital como en diversas regiones y, paulatinamente y no sin tropiezos, se iría generando la legislación específica.

---

General de Publicaciones de la Universidad de Córdoba, Córdoba, 1993; Guillermo Beato, "La casa Martínez del Río: del comercio colonial a la industria fabril (1829-1864)", en Margarita Urías *et al.*, *Formación y desarrollo de la burguesía en México. Siglo XIX*, Siglo XXI Editores, México, 1979.

[14] Bárbara A. Tenenbaum, *op. cit.*

[15] José Antonio Bátiz, "Trayectoria de la banca en México hasta 1910", en Leonor Ludlow y Carlos Marichal (comps.), *Banca y poder en México (1800-1929)*, Grijalbo, México, 1986.

Existe consenso respecto de la gran potencialidad económica de la Iglesia desde tiempos coloniales. Para el siglo XIX no se discute su gran riqueza, aunque diversos autores difieren sobre la cuantía de sus bienes en capitales e inmuebles urbanos y rurales. De todos modos, era el más poderoso propietario en el país. El conservador Lucas Alamán estimaba que para finales de la Colonia la Iglesia poseía la mitad de los bienes raíces de Nueva España, lo que representaba unos 300 millones de pesos; el liberal José María Luis Mora calculaba para 1832 un capital global de casi 150 millones, más diversos bienes que no producían renta por otros 30 millones; Jan Bazant, en una visión más moderada, considera que para 1856 la institución eclesiástica era propietaria de 20% de la riqueza nacional, es decir, de unos 100 millones de pesos.[16]

En vista de que la institución desarrolló una amplia y cuantiosa actividad financiera con intereses de 5 o 6% anual, muchos grandes y medianos propietarios (hacendados, mineros, comerciantes, propietarios urbanos) se vieron beneficiados por los créditos "blandos" eclesiásticos, mientras que la escasez de capitales permitía a prestamistas particulares obtener réditos del orden de 1 a 2% de promedio mensual (12 a 24% anual). Estos intereses podían multiplicarse 10 o más veces cuando la especulación se hacía con los siempre atribulados y carentes gobiernos, según las circunstancias lo permitieran.

Los préstamos hipotecarios eclesiásticos de bajo interés solían arrastrarse por larguísimo tiempo sin que la Iglesia se comportara con la avidez de los prestamistas particulares. La

---

[16] Lucas Alamán, *Historia de México*, Jus, México, 1942; José María Luis Mora, *Obras sueltas*, París, 1837; Jan Bazant, "The Division of Some Mexican Haciendas during the Liberal Revolution, 1856-1862", *Journal of Latin American Studies* 3, 1975; Robert J. Knowlton, *Los bienes del clero y la Reforma mexicana (1856-1910)*, FCE, México, 1985.

institución, de existencia milenaria, no compartía las urgencias de los especuladores, simples y voraces mortales.

En los hechos las añosas deudas terminaban por constituir un drenaje crónico que absorbía, en distinto grado, las eventuales rentas que pudieran producir los bienes hipotecados, lo cual desfavorecía la salud económica de estos bienes. Muchos propietarios en la práctica no invertían el préstamo obtenido en el bien hipotecado, sino que lo destinaban a otras actividades económicas paralelas, incluyendo la especulación con el préstamo usurario.

La institución eclesiástica prestaba gran atención a sus funciones económicas, sin las cuales no podía mantener —en la misma medida al menos— su ascendiente sobre la sociedad en general, a la vez que trataba de obtenerlo sobre el poder público. Pero, a la par de su cometido religioso propiamente dicho, ejercía su poder ideológico hasta el límite de participar —a veces con disimulo— en las disputas políticas, sin excluir el conflicto armado partidista. Frente al gobierno nacional le retaceaba su jurisdicción, pues disponía de sus propios fueros, por los que se impartía justicia a sí misma (al clero) mediante jueces eclesiásticos que incluso tenían competencia exclusiva sobre cuestiones particulares laicas (divorcio, adulterio, legitimidad de los hijos y otras). Esto es, que el fuero iba más allá de lo puramente religioso (asimismo el ejército disponía de su fuero particular).

También ejercía su influencia poderosa a través de la educación en escuelas y la universidad, de la imprenta, hospitales y obras de beneficencia, actividades que contribuían a cimentar su ascendiente sobre la población, incluyendo la de bajos recursos.

Los préstamos, muchos de los cuales se otorgaban a través del Tribunal de Capellanías, tal vez no fueran ascépticos desde el punto de vista ideológico. Si se retaceaba el auxilio económico a los gobiernos liberales, guardando las distancias podría no haber prodigabilidad con los particulares que no demostraban afinidades de concepción. Los mayordomos de dependencias eclesiásticas, que entre sus funciones tenían la de conceder préstamos, ejercían un poder discrecional al otorgarlos. Algunos eran hombres de negocios, lo que les suponía una cuota adicional de poder económico dadas las facultades de mayordomía.

Para el caso de las haciendas, los préstamos eclesiásticos podían tener una justificación material extra —al margen del compromiso que el beneficiario adquiría con la institución—, que era el cobro del diezmo sobre la producción bruta agrícola y pastoral. La Iglesia no condicionaba el préstamo a si se invertía o no en el bien hipotecario aunque no le era indiferente que la producción se viera afectada por carencias de recursos económicos. El diezmo, esa gravosa carga obligatoria, dejó de serlo al suprimirla el gobierno liberal en 1833 y eliminarse la coacción civil para su percepción. A partir de entonces el carácter voluntario del pago del diezmo implicó una drástica disminución de ingresos para la Iglesia. Los posteriores gobiernos liberales y conservadores no restituyeron la obligatoriedad del diezmo. Queda el interrogante de hasta qué punto el acceso a los créditos que la institución eclesiástica podía ofrecer no estaba de algún modo condicionado al pago ahora no coaccionado del diezmo.

Cabe señalar que como una parte del diezmo correspondía al gobierno, según algunos autores éste se habría visto perjudicado por su decisión de suprimir la obligatoriedad, apreciación correcta que conviene considerar. ¿Qué porcentaje del diezmo representaban los ingresos estipulados para el gobierno? Para inicios del siglo XIX el diezmo se dividía en dos partes iguales.[17] Un 50%, que a su vez se descomponía en 25% para el obispo y el otro 25% para los miembros del cabildo eclesiástico, según jerarquía. Descontado este 50%, el resto se subdividía en nueve partes: cuatro novenos para los curas, párrocos y empleados episcopales —capellán y secretario— (22.22%); tres novenos para los edificios de catedral, parroquia y hospitales (16.66%). Hasta aquí la suma porcentual abarca 88.88%. Los dos novenos restantes (11.11%) correspondían al gobierno, una proporción ínfima en comparación con lo que recibía la Iglesia (1 a 9).

Tras la independencia el porcentaje del diezmo que correspondía a la Corona fue destinado a distribuirse entre los gobiernos de los estados comprendidos por los diferentes obispados. Por otra parte, un factor aleatorio incidió en que el ingreso de estos gobiernos pudiera engrosarse no en razón del magro porcentaje sobre el diezmo que les correspondía, sino porque la parte del diezmo destinada a salarios de los puestos del cabildo de la catedral cuando quedaban vacantes pasaban al gobierno hasta tanto fueran nombrados sustitutos. Eventualmente, al fallecer un obispo 25% del diezmo episcopal correspondiente iba a parar al Estado, hasta que se designara otro obispo, como sucedió en Puebla al fallecer su obispo Antonio Pérez Martínez en 1829. Por esos años —entre 1827 y 1830— las vacantes en el cabildo eclesiástico poblano sumaban 10 de los 27 puestos existentes.[18] Situaciones similares, y aún más acentuadas, se produjeron en distintos lugares del

---

[17] Francisco Javier Cervantes Bello, "Los militares, la política fiscal y los ingresos de la Iglesia en Puebla, 1821-1847", en *Historia Mexicana*, El Colegio de México, México, abril-junio de 1990; Robert J. Knowlton, *Los bienes del clero y la Reforma mexicana (1856-1910)*, *op. cit*. El autor cita a Manuel Rivera Cambas, *Historia de la reforma religiosa, política y social en México*, México, 1875; y a Michael Costeloe, *Church Wealth in Mexico*, Cambridge University Press, Cambridge, 1967.

[18] Francisco Javier Cervantes Bello, *op. cit*.

país, con el consiguiente incremento de los ingresos provenientes del diezmo que concurrieron a las arcas estatales por las razones antedichas y no por la mínima cuota que les correspondía. Así, hubo ocasiones en que los gobiernos estatales obtuvieron mayores ingresos que la Iglesia en lo que hace a recursos provenientes del diezmo.

Lucas Alamán en 1843 informaba en un estado general sobre las rentas decimales que presentaba la Dirección General de Industria[19] que durante el quinquenio 1806-1810 las diócesis habían percibido en promedio anual 1 989 954 pesos, que indicaba un incremento respecto de las percepciones anteriores a esas fechas. A su vez, para el quinquenio 1829-1833 —previo a la abolición de la coacción civil— el promedio anual descendió a casi la mitad, 1 009 720 y Alamán atribuyó este derrumbe no a la caída de la producción agrícola, que en distintas modalidades pagaba diezmo, sino a la falta de pago del mismo. Si a esto se añade la no obligatoriedad de dicho impuesto, la Iglesia debió experimentar un fuerte retroceso en sus ingresos por este concepto.

El problema de fondo en la abolición de la obligatoriedad mencionada significaba la liberación de una pesada carga para la producción agrícola sujeta al diezmo, lo que suponía disponer de mayores recursos para los propietarios, a la vez que menores ingresos para la Iglesia. Si los gobiernos estatales veían desaparecer su participación porcentual y los ingresos extra referidos por vacantes y demás, desde la perspectiva política liberal se contabilizaban otros factores. Uno era la tan buscada eliminación de trabas a la economía, entre las que el diezmo era

---

[19] Estado general que representa el importe de las rentas decimales en todas las diócesis de la república en el quinquenio anterior a la guerra de Independencia y en el que precedió a la abolición de la coacción civil, Dirección General de Industria, México, 15 de diciembre de 1843; Lucas Alamán, *Documentos diversos*, t. II, Jus, México, 1945.

muy relevante. Otra, que la Iglesia —franca opositora— retrocedía en su poderío económico y perdía así parte del sustento necesario para operar y con ello de algún modo se afectaba el ascendiente sobre vastos sectores de la población. Los liberales desde el poder podían obtener otros réditos, materiales y no, mediante distintas acciones en el mismo sentido.

Entre otros ingresos la institución eclesiástica tenía las rentas provenientes de sus innumerables inmuebles rurales y urbanos. Los bienes raíces en la ciudad de México y en Puebla alcanzaban porcentajes elevadísimos sobre el valor total de las propiedades urbanas. Se mencionan cifras de 40% y 50%, aproximadamente, en las respectivas ciudades. No obstante, la institución estaba exenta de impuestos a la transferencia de la propiedad, a la propiedad personal y a diversas cargas personales.

Muchas familias acaudaladas dotaban a sus hijas monjas con varios miles de pesos de renta perpetua en favor del convento, que frecuentemente procedían de la hipoteca de un inmueble. Estas dotes eran propiedad del convento después que fallecían las monjas.[20]

En suma, la Iglesia había acumulado durante siglos capitales provenientes de donaciones de diverso tipo, combinados con los importes de servicios varios, obvenciones, limosnas y otros. Los préstamos hipotecarios con sus intereses y las rentas por alquiler de gran cantidad de inmuebles rurales y urbanos alcanzaban elevadísimas sumas, a lo que corresponde agregar los mencionados ingresos provenientes del diezmo, cofradías, etcétera.

En el seno de la institución existían grandes diferencias económicas entre la jerarquía eclesiástica y los curas párrocos,

---

[20] Robert J. Knowlton, *Los bienes del clero y la Reforma mexicana (1856-1910)*, op. cit.; Jan Bazant, *Los bienes de la Iglesia en México*, El Colegio de México, México, 1971.

así como también entre el clero secular y el regular, y entre las diversas órdenes y conventos.

Suele afirmarse que la Iglesia en su función financiera "perdía dinero" al prestarlo a tasas de interés más bajas que las aplicadas en el mercado. El problema requiere de algunas precisiones. 1) La institución eclesiástica fungió como poderosa entidad prestamista en México (e Hispanoamérica) durante la Colonia y parte del siglo XIX. Durante esas centurias acumuló un enorme capital mediante los procedimientos y recursos foráneos señalados, y no decreció su importancia financiera por "perder dinero" al prestar con interés bajo. Ante los ojos de los últimos borbones, de los gobiernos liberales y hasta de Maximiliano la institución era tan poderosa que ninguna iniciativa económica trascendente podía concretarse sin afectar sus extensos intereses. Si en el siglo XIX la Iglesia fue perdiendo su predominio, esto se debió al avance del poder del Estado sobre el eclesiástico. 2) Los diversos ingresos (rentas, bienes donados, diezmos) no tenían un costo relacionado con los "costos del mercado", por lo cual la Iglesia no perdía (sino que ganaba) al prestar a 5 o 6%, como tampoco "perdía" al rentar a precio bajo inmuebles obtenidos por donación o al vender baratos productos recolectados como concepto de diezmo. Por cierto, los especuladores privados cobraban altísimos intereses, a la vez que sus capitales no provenían de donaciones o fuentes similares a las de la Iglesia. 3) La función polifacética de la entidad eclesiástica (en los órdenes religioso, político, moral, educativo, de la beneficencia y asistencia hospitalaria, etcétera) trascendía su solo accionar económico, por lo que su racionalidad económica pasaba por otros senderos distintos al criterio estricto de la máxima rentabilidad, en el menor tiempo posible, propia de las mundanas actividades especulativas comunes.

La institución eclesiástica, con conformidad o sin ella, evidenciaba su presencia en casi todos los órdenes de la vida del país, y su contundencia en la esfera económica era tal que no podía disimularse ni entre sus propios adeptos. Esta situación pondría en claro no sólo a los gobiernos liberales sino a los mismos conservadores en el poder, que en última instancia las políticas gubernamentales no podían prescindir de los recursos económicos de la Iglesia. Los liberales llevaban sus objetivos antieclesiásticos más allá de lo estrictamente económico, mientras que los conservadores, llevados por sus intereses de facción, hacían causa común con la posición de la Iglesia hasta el extremo de comprometer la soberanía del país.

Estando Santa Anna nuevamente en el gobierno como presidente y el liberal Gómez Farías como vicepresidente, el 11 de enero de 1847 se aprobó una ley que autorizaba obtener 15 millones de pesos a costa de hipotecar y rematar propiedades eclesiásticas. Como señala Knowlton, el cabildo metropolitano del arzobispado en México rechazó la pretensión, sosteniendo que "la Iglesia era soberana y no podía ser privada de sus propiedades por ninguna autoridad. El obispo de Michoacán añadió que había en México dos soberanos temporales, uno de los cuales era eclesiástico".[21]

Obviamente, esto significaba retomar las arcaicas posiciones de las disputas medievales, a propósito de la soberanía temporal, en momentos en que el país se encontraba invadido por los Estados Unidos. El derecho divino a la propiedad terrena no se sometía a las necesidades del Estado, aunque la patria en peligro ya tuviera ocupados los territorios de toda

---

[21] Robert J. Knowlton, *Los bienes del clero y la Reforma mexicana (1856-1910)*, *op. cit.*

la Alta California, Mazatlán, Santa Fe, Monterrey, Saltillo, Parras y Veracruz, entre otros.[22]

Sobrevinieron el desplazamiento de Gómez Farías, quedando al mando solamente Santa Anna, y la revocación de la ley; un apoyo consistente en 1 500 000 pesos garantizados por la Iglesia; la pérdida de la guerra y, con ella, la de un total de 2 400 000 km$^2$ de territorio.[23]

Los gobiernos conservadores apelaron también a la Iglesia para solventar sus necesidades, una de las cuales era la guerra contra los liberales (1858-1860).

Entre las medidas liberales más trascendentes figura la llamada Ley Lerdo de 25 de junio de 1856 que disponía que todas las propiedades inmuebles, rústicas y urbanas de corporaciones civiles o eclesiásticas se adjudicaran en propiedad a quienes las arrendaran "por el valor correspondiente a la renta que en la actualidad pagan, calculada como rédito al seis por ciento anual", lo que afectaba entre las corporaciones a todas las comunidades religiosas, cofradías, parroquias, colegios, ayuntamientos, etcétera, "y en general todo establecimiento o fundación que tenga el carácter de duración perpetua e indefinida". También estipulaba que todas las tierras no arrendadas fueran "vendidas al mejor postor en pública subasta, en presencia de las autoridades locales".[24] Esta ley de desamortización se pudo concretar ampliamente apenas poco después de la reacción que entre otros efectos desató la guerra civil e impuso el imperio de Maximiliano. Entre la Ley Lerdo y el final del periodo que daría paso al porfiriato tuvo lugar la nacionalización de los inmuebles y capitales clericales, las Leyes de Reforma de 1857

---

[22] Josefina Zoraida Vázquez, "Los primeros tropiezos", en *Historia general de México*, t. II, El Colegio de México, México, 1981.
[23] Robert J. Knowlton, *Los bienes del clero y la Reforma mexicana (1856-1910)*, *op. cit.*
[24] Jan Bazant, *Los bienes de la Iglesia en México*, *op. cit.*; Leticia Reina, "Modernización y rebelión rural en el siglo XIX", *op. cit.*

que el presidente Juárez dispuso y su ministro de Hacienda expidió, dando carácter federal a la ley. Entre otras cosas ésta suprimía los monasterios, confiscaba sus edificios, convertía a los monjes en religiosos seculares, sin que pudieran usar hábito en comunidad.[25] La mayor virulencia y efectividad del empuje liberal contra los bienes de la Iglesia cristalizaría entre 1856 y 1875.[26]

Tras la invasión francesa y el entronamiento de Maximiliano prácticamente no se hicieron innovaciones de fondo respecto de lo actuado con la desamortización y la nacionalización de los bienes eclesiásticos. Al final del siglo, en la madurez del porfiriato (1900), se declaró la ley por la cual quedaba finiquitada la nacionalización de los bienes eclesiásticos.[27] Se estaba en los tiempos de la conciliación ambivalente del gobierno de Díaz.

A propósito de la transferencia a particulares de propiedades eclesiásticas mediante el pago de un monto equivalente al capital del cual el alquiler se debía entender como una renta de 6% anual, se ha sugerido que la Iglesia no perdía, pues recibía el valor monetario del bien, ya que se correspondía correctamente con la estimación de dicha renta. Sin embargo la Iglesia, salvo alguna excepción, nunca había tenido interés en deshacerse de sus propiedades inmuebles que, como se dijo, constituían una de las principales bases de su particular estructura económica que se integraba con los objetivos globales de la institución. Por otro lado, de no haber sido los precios de las propiedades atractivos, los interesados no hubieran estado tan dispuestos a aceptar esas reglas de juego. A su vez abundaron especuladores de diverso signo político o afinidades espi-

---

[25] Jan Bazant, *Los bienes de la Iglesia en México, op. cit.*
[26] Robert J. Knowlton, *Los bienes del clero y la Reforma mexicana (1856-1910), op. cit.*
[27] Jan Bazant, *Ibidem.*

rituales que adquirieron inmuebles, a veces operando en bloque, lo que indica que se trataba de buenas oportunidades, al margen de que los imprevisibles avatares de la contienda de facciones pudieran en el futuro frustrar las ambiciones de algunos negociantes oportunistas.

Estas situaciones se dieron también cuando la Iglesia debía desprenderse de algunos bienes para cumplir con los préstamos forzosos —bajo diversos nombres—, por lo cual podía vender inmuebles a sus propios inquilinos.

Los pleitos entre compradores e Iglesia suelen mostrar que la renta percibida por arrendar dichas propiedades a veces distaba mucho de equivaler a 6%, ya que podía ser muy inferior a este porcentaje. En ocasión de uno de los préstamos al gobierno de Santa Anna —excluido ya Gómez Farías, en 1847— la Iglesia vendió a Pablo Martínez del Río la casa que arrendaba en 1100 pesos. Éste ofreció 26 000 pesos, en lugar de 18 633 que corresponderían si la renta equivalía a 6%. La oferta, sin embargo, provocó el disgusto del mayordomo eclesiástico, quien valuaba en 52 000 pesos la propiedad, aunque se terminó por aceptar la propuesta del inquilino. Otras operaciones ahora relacionadas con la desamortización de terrenos de comunidades indias eran objetadas, sin éxito, pues los compradores sólo pagaban la sexta parte del valor real.

Es de pensarse que, sin negar otros casos inversos, la enorme transferencia de inmuebles eclesiásticos se hizo en términos muy convenientes para los compradores.

La desamortización eclesiástica logró un objetivo fundamental en tanto política económica liberal, la incorporación al mercado mobiliario, y por extensión al mercado en general, de un cuantioso número de propiedades que la Iglesia mantenía bloqueadas al margen de la circulación de bienes. Que un puñado de especuladores adquirieran en bloque un gran número de inmuebles no implicaba que éstos permanecieran ajenos al mercado, aunque sí retenidos algún tiempo por razones especulativas.

El comercio fue una vía socorrida debido a su capacidad de succionar excedentes de otros sectores a partir de una reducida inversión en capital fijo (instalaciones), mercancías, eventualmente transportes, etcétera en relación con una potencial y sucesiva acumulación de capital líquido. Éste, al sobrepasar los requerimientos de la negociación mercantil en sí (reposición de artículos, costos de circulación y otros), permitió atesorarlo y derivar inversiones hacia otros sectores económicos. Entre estos sectores la especulación financiera ocupó un lugar preferente. Asimismo desde los niveles más altos de la especialidad mercantil original se proyectaba controlar en diversa medida servicios como los de transporte y anexos (garitas, aduanas, etcétera), sin desatender los sectores productivos.

Comercio y especulación financiera se acompañaron frecuentemente —ya desde tiempos coloniales—, además de que de algún modo estuvieron presentes en espacios de distinta dimensión local, regional e internacional.

Sin embargo, los espacios económicos que van creando los hombres, además de diversos y cambiantes con el tiempo, son de lenta gestación. Así, el mercado nacional mexicano en su proceso de formación histórica necesitó ir más allá del siglo XIX para constituirse, todo esto con bastantes limitaciones que heredaría el siglo XX. Al margen de casos especiales, en general existían centros comerciales que controlaban sus respectivas regiones, aunque paralelamente pudieran tener intereses a larga distancia. El comercio interno se apoyaba en negociaciones de dimensión local y regional con relativas interconexiones acosadas por las pésimas comunicaciones. Los impuestos sobre circulación y venta de productos de otros estados (alcabala), con una serie de episodios perduraron sordamente hasta 1896. Los productos, precios, pesas y medidas respondían a las capacidades y también a los intereses, hábitos y tradiciones teñidos de localismo. Las características del medio —incluyendo las diferentes formas de producir— condicionaban lo que se producía, cómo se producía y, en gran medida, lo que se comercializaba, trocaba o autoconsumía.

Las repetidas disposiciones oficiales que en diferentes momentos y lugares insistían en que era necesario uniformar pesas y medidas demuestran por su misma reiteración —a la par de otras fuentes— que aún continuaban vigentes las tradicionales costumbres locales.[28] De igual manera sobrevivieron diferencias de precios para productos similares entre una región y otra. Cuando después de largo tiempo se fue estructurando un mercado de dimensión nacional —en cuyo proceso el mejoramiento de las condiciones de las comunicaciones y los transportes fue un factor importantísimo pero en sí no suficiente—, se produjo una situación relativamente más homogénea de los precios, aunque subsistieron regiones marginales que conservaron sus particularidades. Entre otros, aún perduraban las arrias en muchos de los intercambios. Asimismo los vastos sectores que producían para satisfacer sus necesidades internas, como sucedía en las comunidades indígenas (y con los pequeños campesinos en general), escapaban grandemente al proceso de mercantilización aludido.

La mercantilización en todos los aspectos —al nivel de una plena sociedad capitalista donde hasta la fuerza de trabajo se mercantiliza libremente— fue un proceso no sólo prolongado y tardío sino incompleto, más allá de los límites temporales de este apartado.

---

[28] En otra proporción, aún hoy persisten aisladamente unidades de medición antiguas.

Las comunidades indígenas —que abarcaban una parte muy considerable de la población y sus respectivas áreas geográficas— tenían su propia racionalidad económica asentada en el derecho común sobre la tierra y la producción en función de las necesidades familiares y de la comunidad. No producían para el intercambio sino sobre todo para el consumo, y ciertos excedentes solían trocarse por los de otros productos comunales; su producción poseía primordialmente valor de uso y no de cambio. Sin embargo, las comunidades no permanecieron ajenas a todo tipo de intercambio más allá de sus recíprocos trueques. Al estar insertas de hecho en un medio ajeno a su modo de producción se establecieron distintas formas de enlace comercial, aunque se tratara de preservar sus pautas culturales. Según el caso, se fueron diseñando conexiones a veces capilares, a veces más amplias, y en muchos casos la comercialización alcanzó dimensiones que, junto con otros factores, afectaron el equilibrio mismo de la comunidad. Muy a menudo el comercio se realizaba con intermediación de mercaderes no indios, pero también con frecuencia lo hacían mercaderes indígenas que en ocasiones, por su "prosperidad", ascendían socialmente al escalar posiciones en el seno de la estructura comunal, lo que podía conllevar roces con los miembros de las élites tradicionales.

Entre otras y diversas formas de comerciar figuraban las ventas y compras directas que desde las distintas unidades productivas se efectuaban con comerciantes mayoristas quienes podían o no, según el caso, acaparar buena parte de la producción adelantando recursos monetarios e insumos requeridos por el productor (haciendas, minas, fábricas, etcétera). Estas oportunidades eran ideales para el endeudamiento y la baja de precios a cubrir con la producción futura. Ya se mencionó la serie de transferencias de unidades productivas a que dieron lugar tales prácticas en favor de comerciantes-prestamistas que podían conservar para su explotación las negociaciones —pasando a ser ellos mismos productores— o bien desprenderse de ellas en transacciones posteriores.

Otra modalidad era la venta directa, incluso de modestas cantidades, a pequeños comerciantes y particulares del área, así como también a través de un "cajón" o negocio en la ciudad perteneciente a la fábrica textil, hacienda azucarera, etcétera.

A mediados del siglo XIX se tiene constancia de una organización más dinámica que, entre otros, aplicaron productores que anteriormente habían sido comerciantes, aprovechando su habilidad para incorporar la modalidad de comerciar mediante consignatarios. Aparte de las ventas directas desde la unidad productiva, se enviaban productos —por ejemplo, azúcar o aguardiente— a consignatarios que podían realizar simultáneamente otras transacciones con diversas mercaderías, aunque no del mismo tipo de las recibidas en consignación. A su vez el consignatario fraccionaba, medía o pesaba, empacaba y vendía a mayoristas que traficaban por distintos rumbos. Esta forma de mercantilización ya existía antes de que se estipulara formalmente en el Código de Comercio de 1854.

Un problema particular lo representa el comercio mediante las tiendas de raya existentes durante todo el periodo que se trata y que estuvieron presentes en haciendas, fábricas textiles y otras explotaciones de distinto nivel, incluyendo establecimientos modernísimos para la época como el de Río Blanco de la Compañía Industrial de Orizaba, S.A., (CIDOSA), célebre, además, por la huelga de 1907 que entre sus demandas objetaba la existencia de la tienda de raya en esta poderosa organización industrial.

El tema de la tienda de raya y el endeudamiento del trabajador como medio para retenerlo, coartándole su libertad de cambiar de ocupación, ha dado lugar a enfrentadas opiniones, muchas fundamentadas documentalmente tanto en un sentido como en otro. La tienda de raya era la única manera de que trabajadores mineros o rurales y otros pudieran abastecerse cuando sus lugares de trabajo se encontraban particularmente alejados de otros centros de aprovisionamiento; habida cuenta de que en general en las haciendas, según la categoría del trabajador estable —no el temporal— recibía ración alimentaria (maíz, alverjón, por ejemplo). En muchos casos la tienda de raya era un negocio explotado por la empresa o alguna firma, o bien se otorgaba en concesión a algún particular. Aprovechando las condiciones de mercado cautivo representado por los trabajadores consumidores el negocio podía ir más allá de los márgenes de las proveedurías habituales, en cuyo caso era una forma de sustraer una parte extra del salario de los trabajadores proporcional al incremento abusivo de los precios, máxime cuando se les imponía la restricción de comprar en otros expendios accesibles. Sin embargo, había situaciones en que para atraer trabajadores a zonas de escasa mano de obra se ofrecían algunos artículos esenciales (maíz, por ejemplo) a los "precios más bajos" de la región, y en otros casos se apelaba a pagar mejores salarios.

Una modalidad más era que entre todo el personal de una hacienda estuviera proporcionalmente muy endeudado el trabajador de mayor jerarquía, de mejor salario y que disfrutaba de la ración más abundante. Cabe preguntarse si en casos similares el establecimiento ofrecía condiciones preferenciales al trabajador privilegiado, en contraste con la situación de los de rango inferior.

Opuestas a condiciones como la anterior eran las de haciendas henequeneras de finales de siglo, donde al lado de las modernas maquinarias figuraban trabajadores mayas esclavizados a los que fueron incorporados indios yaquis capturados tras su sublevación y desarraigo de su medio físico y cultural para trasladarlos al otro extremo del país.

Hubo gran variedad de situaciones en lo que hace al papel que jugaron la tienda de raya y el endeudamiento. Abundan los inventarios, minuciosos hasta la desesperación, que detallan la existencia de una amplísima gama de mercancías y si el número de trabajadores endeudados por sus compras y/o por préstamos era muy considerable, o eran escasos, o no los había. Menos frecuentes, pero nada excepcionales, eran los hacendados que debían salarios a parte del personal.

En la época existía un limitado proceso de mercantilización en el cual, a los entorpecimientos representados por alcabalas, caminos en mal estado, transporte deficiente y caro, podían incorporarse otros factores como la manipulación de las tiendas de raya, creando así mercados cautivos. En resumen, en diverso tipo de unidades productivas e incluso en establecimientos altamente modernizados para la época muchos propietarios no dejaron de lado la posibilidad de incrementar sus utilidades explotando la tienda de raya como anexo especulativo a su actividad productiva. Era una forma de economizar egresos bastardeando los salarios. Sin embargo, la tienda de raya también podía cumplir una finalidad indispensable para el trabajador y de interés —de escaso o ningún nivel especulativo— para el propietario necesitado de eliminar obstáculos (aprovisionamiento) y poder contar con la fuerza de trabajo requerida. Asimismo en situaciones en que perduraba la relación paternalista entre propietario y trabajador la tienda de raya (y otras formas de crédito) jugaba un papel significativo cuya complejidad excede los límites de las interpretaciones simplificadoras.

El comercio externo experimentó cambios significativos tras la independencia, ya que el país había quedado en gran medida desconectado formalmente de esta actividad al romper la relación con España, mediante la cual se realizaba el grueso del comercio externo. Poco a poco se estructuró la relación comercial exterior ocupando Europa un lugar predominante en todo el periodo 1821-1877. Con Gran Bretaña se realizó la mayor parte del intercambio, seguida de Francia, Alemania y España. En el continente americano el comercio exterior se realizó fundamentalmente con los Estados Unidos y en escasa medida con el resto de los países del hemisferio. El tráfico con los Estados Unidos tuvo la singularidad de la gran importancia que adquirió este país como transportador tanto de su propio comercio con México como del mexicano hacia y desde Europa, aunque a finales del periodo resignaría su protagonismo en el transporte del tráfico comercial europeo con México.[29] Durante todo el periodo el principal producto de importación fueron los textiles de distinto tipo, principalmente de costos bajos y moderados, salvo el clásico caso de ciertas confecciones finas de Francia que, como es sabido, otorgó gran importancia a sus exportaciones suntuarias. Un intercambio particular fue la introducción de algodón de los Estados Unidos, en la que se inscribe también la relación comercial con el sur de ese país durante la guerra de secesión.

Los productos mexicanos de exportación más importantes para el mismo periodo eran los metales, sobre todo plata acuñada —principal mercado Gran Bretaña—, y también oro en menor medida. En segundo lugar destacaron productos agropecuarios cuyo destino principal era los Estados Unidos, y artículos tintóreos, con Francia como mercado predominante.[30]

---

[29] Inés Herrera Canales, *El comercio exterior de México, 1821-1875*, El Colegio de México, México, 1977.
[30] *Ibidem*.

Las exportaciones evidenciaban las limitaciones del país. Durante decenios la producción y exportaciones se desplomaron respecto del pasado colonial no tan distante. Consistían ante todo en metales preciosos, que si bien implicaba elaborar metal a partir del mineral, no sólo no añadían mayores innovasiones sino que su producción se había estancado o aún retrocedido. Los productos de origen agropecuario, principalmente pieles, vainilla, artículos tintóreos, café, no agregaban mayor transformación.[31] En cambio los textiles (salvo el algodón en rama), artículos de ferretería, herramientas, cristales, lozas y otros importados eran productos que traían incorporado el valor creado por procesos de elaboración que les posibilitaba el nivel técnico alcanzado por los respectivos países o la capacidad productiva que brindaban los grandes recursos naturales disponibles (Estados Unidos). Gran Bretaña conservó durante todo este primer periodo su gran ventaja técnica —y Francia no estaba demasiado lejos—; sin embargo, los productos alemanes tenían ya un alto grado de elaboración y el país aún no había alcanzado su revolución industrial, aunque estaba a punto de lograrlo.

El balance del intercambio externo fue deficitario para México, lo que comprometía más aún la delicada situación financiera del país. Para finales del periodo, y sobre todo durante el porfiriato, sobrevendrían cambios significativos —aunque no estructurales de fondo—, entre ellos el incremento de las exportaciones, el cambio relativo de la composición de los productos importados y la balanza comercial favorable.

Gran parte de las mercancías importadas, en el primer periodo, por su costo alto estuvieron en condiciones de superar las dificultades a la circulación que imponían las alcabalas, los

---

[31] *Ibidem.*

obstáculos de la complicada geografía (una suerte de proteccionismo natural) y la mediocridad de las vías de comunicación y de medios de transporte que encarecían los fletes. Estos factores negativos se hacían sentir mayormente en productos importados de costo bajo (mantas, por ejemplo), sin que muchas veces llegaran a abatir su competitividad, en especial en áreas adyacentes a las fronteras terrestres y marítimas.

Como en la generalidad de Latinoamérica, es particularmente llamativo el enorme espacio que ocuparon los textiles en el contexto de las importaciones. Así, para 1856 y para los años 1872-1873 a finales del periodo los textiles representaban 82 y 74%, respectivamente, de todas las importaciones provenientes de Inglaterra; 56 y 37% de los Estados Unidos (incluyendo algodón), y 49 y 37% de Francia,[32] lo cual supone que en conjunto las compras a estos tres países correspondieron a textiles 52.72% en 1856 y 41.49 en 1872-1873 del total importado. En contraste, destaca el incipiente papel que durante el periodo desempeñaron las importaciones de maquinaria, equipos y herramientas, un reflejo más del bajo nivel técnico que imperaba en todo el país.

Los criterios para aplicar aranceles al comercio exterior tendieron a gravar las importaciones y en escasa medida las exportaciones, de modo que constituyeron un ingreso muy importante para el gobierno central. En este sentido las concepciones proclives al librecambio, por parte de los gobiernos liberales, en términos generales fueron resignadas ante las urgencias económicas del fisco.

En otro orden de cuestiones, el contrabando acompañó al tráfico de las importaciones alentado por los impuestos a la introducción de mercaderías y, aunque por su naturaleza re-

---

[32] *Ibidem.*

sulta difícil calcular su cuantía, existen evidencias de que muchos de los comerciantes formales de importancia se beneficiaron con el contrabando, por lo que en ocasiones tuvieron problemas legales. Además de la carencia de un control efectivo y continuando de las costas, de la extensa frontera terrestre —en especial con los Estados Unidos— y de las mismas aduanas que en épocas de conflicto solían caer en manos de facciones opuestas a los gobiernos en turno, había que agregar las influencias del poder económico capaces de flexibilizar los obstáculos legales para la libre introducción (y en su caso de la exportación) de mercancías.

Durante todo el siglo XIX independiente existió la práctica de la "fianza", necesaria para hacer efectivo el nombramiento de funcionarios de diversos niveles jerárquicos. Esto obligaba al futuro miembro del aparato burocrático a contar con el respaldo económico de alguien que se responsabilizara del buen desempeño del postulante con una suma —variable según el cargo— que se comprometía mediante escritura notarial. Entre el gran número de documentos notariales de este tipo figuran reiteradamente fiadores que integraban los grupos más destacados de comerciantes, prestamistas y empresarios de diversas actividades. La obvia reciprocidad que los funcionarios —incluyendo empleados de aduanas— establecía con sus afianzadores debía contribuir al otorgamiento de facilidades especiales para éstos. En sentido similar operaron los apoyos económicos de hombres de negocios a los poderes regionales, los cuales solían agradecer estos auxilios financieros.

Los diferentes comercios que tras la apertura comercial se establecieron en México en gran parte estuvieron en manos de extranjeros migrantes afincados en distintos territorios del país. Entre esta primera camada de extranjeros residentes figuraban británicos, estadunidenses, alemanes, españoles, franceses y un sugestivo grupo de panameños —colombianos en aquel entonces—. Muchos de ellos constituyeron parte de los agiotistas más connotados a quienes se ha hecho referencia en diversas oportunidades, actuando a la par de sus similares nacionales. Protagonizaron, pues, las formas de acumulación y conocieron la conveniencia de diversificar sus actividades; algunos trascendieron de las negociaciones especulativas a la esfera productiva (fábricas textiles, sociedades mineras, explotaciones agropecuarias y otras). Las sucesivas camadas de extranjeros, con el tiempo en su múltiple accionar fueron integrando también el proceso de formación de grupos regionales de burguesías capitalistas. Esa reiterada presencia a lo largo de todo el periodo 1821-1910 permite apreciar, y no solamente en México, una suerte de tónica o bien cierta connotación extranjera en el seno de los grupos regionales. El peso de ese sesgo, ya se dijo, no guardaba proporción con el escaso número de extranjeros que se desenvolvían en el medio.

Esta alta participación de negociantes residentes de origen foráneo al menos tiene vinculación con algunos factores, como el conocimiento a través de la experiencia directa o indirecta del oficio mercantil o financiero, y en su caso técnico, en alguna actividad adquirida en su medio. Por su parte, como sucedía en otros países, los comerciantes establecidos frecuentemente abrían espacios a compatriotas a menudo de su región natal, que se iban formando desde abajo, como empleados, en el nuevo país. Del casamiento con hijas del afincado y próspero hombre de negocios como medio para integrarse, asociándose a la firma, fue un expediente que se venía produciendo desde tiempos coloniales. Asimismo la vinculación preestablecida de buen número de extranjeros residentes, con firmas metropolitanas de distinto nivel, podía implicar alguna manera de representación de los productos y servicios de dichas empresas en el país, o la consignación de artículos —comisión mediante— o bien formas totalmente independientes entre una negociación y otra. Estas conexiones podían implicar el beneficio de participar en los circuitos y redes estructurados internacionalmente en materia comercial, financiera y de transporte mercantil. Ya se dijo que era costumbre que los diversos países con los cuales México fue estableciendo relaciones nombraran sus cónsules y vicecónsules entre hombres de negocios radicados en el país, que fueron naturales de esas naciones, o bien que teniendo fuertes vinculaciones con ellas —aunque carecieran de esa nacionalidad— podían ser súbditos de las mismas. Esta marcada preferencia se acompañaba de la "protección" brindada a estos y otros hombres de negocios extranjeros, que por otra parte, contaban con la asistencia cotidiana del cuerpo diplomático designado en el país.

Un elemento de otra índole que solía caracterizar el comportamiento de muchos residentes extranjeros era el espíritu de iniciativa propio del inmigrante que, proveniente de medios culturales más modernizados y difíciles desde el punto de vista competitivo, desplegaban su impulso aprovechando las diversas ventajas para ocupar los espacios existentes —poco disputados— en un nuevo medio menos riguroso, a veces hasta desprotegido, y en el que faltaba aún todo un mundo por construir.

No era extraño el lugar de consideración que en los círculos privilegiados solía otorgarse a muchos extranjeros. En ese sentido cierto aire racista era apreciable entre pensadores liberales y conservadores de la época, algunos de los cuales, negando implícitamente las posibilidades de realización potencial de gran parte de la sociedad mexicana —y en particular las de las comunidades indígenas— buscaban como "solución" la migración extranjera para el blanqueamiento sucesivo de la población, y con ello, la conformación de una nueva y pujante sociedad. En otros términos, implicaba el exterminio étnico de grandes sectores de la sociedad de entonces.

# El periodo 1877-1910

### EL PENSAMIENTO ECONÓMICO. SITUACIÓN INTERNACIONAL

En tiempos de Maximiliano, a medio camino entre la guerra de Independencia y la Revolución mexicana, Francisco Pimentel publicó una obra, sintetizando su pensamiento, especialmente en lo referente al problema de la tierra.[33] En el libro donde elogia al emperador manifiesta su propósito de contribuir a que se corrijan errores existentes, para lo cual incorpora y hace suyos diversos conceptos aislados rescatados de autores mexicanos (entre otros Lucas Alamán, Esteban de Antuñano, José María Luis Mora) y extranjeros, por lo que no se hará distinción de sus autorías al referirse a sus ideas. Pimentel no repara demasiado en la filiación partidista o la orientación del pensamiento de estos autores en la medida en que sirvan de apoyo a su rígida y excluyente visión de la sociedad mexicana de la época. Parte de un principio: el mejor gobierno es el que gobierna menos, por lo que sus atribuciones han de ser limitadas (reminiscencias del *laissez faire*); consecuentemente re-

---

[33] Francisco Pimentel, *La economía aplicada a la propiedad territorial en México*, Imprenta de Ignacio Cumplido, México, 1866.

prueba la legislación económica, ya que por el contrario la falta de legislación favorece la libertad económica, más importante que la libertad política. Los hombres pueden vivir normalmente sin participar en el dictado de leyes, sin elegir o ser elegidos, ni opinar con libertad (lo que manifiestamente va en contra de los postulados de las revoluciones burguesas inglesa y francesa, y de la independencia estadunidense, aunque el ejercicio de dichos postulados en la práctica estuviera limitado por la condición económica de los individuos). Precisamente la legislación económica existente, incluyendo la impositiva, arruina la economía porque entorpece la producción y la circulación mediante reglamentos sobre el trabajo, las alcabalas, aduanas interiores, y las disposiciones que en general impiden la libre concurrencia. Corresponde evitar la concentración de la riqueza por medios justos, naturales y factibles, a la vez que son reprobables los monopolios, el diezmo, las exenciones de cargas impositivas normales (lo que de hecho iba en contra de los privilegios corporativos, civiles, eclesiásticos y militares). Igualmente Pimentel repudia las disposiciones tendientes a favorecer a quienes estaban en inferioridad económica (indios y sectores populares en general), como el caso de cobrar menos por la excarcelación de indios que por la de blancos. La crudeza de su pragmatismo económico —en síntesis, libertad absoluta para enriquecerse— y el condicionamiento ideológico marcado por su elevada posición social se refleja en el concepto que le merecían los diversos grupos más desfavorecidos relacionados con las actividades rurales (es decir, la inmensa mayoría del país). Considera que el valor físico, intelectual y moral de los hombres no es igual en todos los casos. No puede darse el progreso sin la división del trabajo y ésta implica desigualdad. Las clases inferiores no están en esa condición únicamente por la injusticia sino por sus vicios, apatía, ignorancia e indolencia. Si el pueblo se encuentra en una situación infeliz no es culpa del clero, el gobierno o los propietarios sino por pereza y falta de previsión del jornalero, quien trabaja estrictamente lo necesario para cubrir sus necesidades más urgentes, sin interés de aprender algo y gastando su jornal en pulque. La población es escasa en cantidad y calidad. Los indios son desconfiados, tercos, no quieren cambiar de costumbres y, aunque se los eduque, su "malignidad" persistirá.

En opinión de Pimentel se deben suprimir obstáculos legales y reglamentos que perjudiquen el desarrollo de la riqueza. Es aberrante la caridad pública, porque da seguridad de obtener socorro; le parece inecesario reglamentar sobre la retención del trabajador por endeudamiento; las horas de trabajo y los días feriados; la abolición de castigos corporales, del trabajo infantil, del pago en especie, ya que basta con las leyes existentes en lugar de establecer códigos especiales que favorezcan a los proletarios.

Los antecedentes de los problemas de México vienen de los indios que antes de la Conquista vivían en la opresión y la barbarie; después los españoles los esclavizaron para luego considerarlos menores de edad sin capacidad para disponer de sus bienes. Además de mantenerlos separados racialmente —es decir, sin mezclarse— reglamentaron la comunidad y crearon gravámenes sobre consumo, materias primas simples y elaboradas, comercio exterior y otros. Fue el sistema más "iliberal" que pudiera haber.

Es la propiedad privada, la propiedad individual, la que por interés individual estimula el trabajo; por el contrario, los indios carecen de sentimiento de individualidad debido a que están enraizados en la comunidad.

El autor pone como ejemplo a los Estados Unidos, producto de inmigrantes ingleses que fueron los primeros en contar con una constitución que aseguraba las garantías individuales y establecía la manera de fijar las contribuciones. Admira la capacidad para el trabajo, los negocios, y para producir riqueza, aunque en algunos estados aún exista la esclavitud que ya se está aboliendo. México despoblado (especialmente de blancos) puede ser despojado poco a poco por los Estados Unidos y así lo colonizará el pueblo industrioso. Para que no suceda esto se debe procurar su poblamiento con inmigrantes europeos mediante la colonización, pero sin introducir esclavos negros, y además liberalizar el sistema asegurando la propiedad y la libertad en el trabajo. Esa inmigración aumentaría y mejoraría la población, creando primero una raza de transición (para posteriormente obtener un blanqueamiento total) y aunque no se mezclen los indios no podrán competir con los blancos, por su paulatina reducción y menores capacidades.

En cuanto al derecho sobre la tierra, Pimentel consideraba que los propietarios mexicanos poseen los títulos más justos por la continuada ocupación deliberada seguida del trabajo y la prescripción. Son los indios quienes usurparon las tierras de los blancos al fundar pueblos y al usarlas para pastoreo y robando maderas, aprovechando la falta de vigilancia —mientras que ellos siempre están vigilando—, porque muchos hacendados dejan sus tierras en manos de administradores. Las tierras no eran propiedad de los indios, ya que no existía la propiedad privada.

La prescripción no es sino el derecho natural de ocupación sancionado por la ley. Se justifica la posesión por los hacendados de tierras que el Estado abandonó, y al trabajarlas ya no pueden ser despojados por éste. Los deslindes generan inseguridad sobre la tierra, beneficiando a especuladores que frecuentemente cobran los deslindes en tierras.

El pequeño propietario trabaja por su interés personal y carece de tiempo para vicios, pero la gran propiedad tiene ventajas sobre la pequeña por su capacidad para almacenar las cosechas y hacer frente a las plagas y las inclemencias del tiempo. En general no conviene fraccionar, aunque según las características de la tierra y el clima, algunas podían dividirse.

Como lo previenen las Leyes de Reforma, el gobierno tiene que repartir las tierras de las comunidades, lo cual además mejoraría la raza indígena carente de individualismo debido al propio sistema de comunidad.

Las haciendas son dirigidas por un administrador y trabajadas por peones jornaleros, si bien el administrador vela por sus intereses, anteponiéndolos a los del amo, y se apropia de lo mejor. Otras veces carece de idoneidad, no trabaja y es vicioso. Es perjudicial trabajar con peones, aunque los labradores no se hacen delincuentes como los arrimados y vaqueros que se dedican a contrabandear, mientras que los arrendatarios trabajan poco y los pastores son nómadas y más ignorantes que todos. Por eso conviene una reforma: que los propietarios vendan o arrienden en fracciones las haciendas e inviertan su capital en el lugar donde vivan para evitar el ausentismo o en atender mejor el resto de la hacienda, evitando los males anteriores.

Los principales medios para aumentar la producción serían la seguridad integral de la propiedad; la eficacia del transporte; la abolición del sistema reglamentario; la multiplicación de las máquinas para no exigir al obrero tanto esfuerzo físico lo cual le elevaría al rango de ser inteligente; la subdivisión de grandes propiedades territoriales que los dueños no deseen dirigir personalmente; la mejora del sistema tributario; las instituciones de crédito.

El autor rescata el pago en especie, ya que cualquiera que fuera el precio del maíz el trabajador tenía asegurada la misma cantidad, así como una ración regular de carne,[34] y el sueldo podría pagarse con en ropa y otros artículos alimenticios. Esto a su vez da lugar a un negocio lícito para el hacendado (tienda de raya). En países de clima benigno el trabajador sólo requiere vestido ligero y sencillo, le basta poco alimento y no utiliza combustible. Los economistas entienden que los jornaleros no pueden exigir más de lo rigurosamente necesario para vivir.

Es preciso crear un banco agrario con sucursales, para lo cual podrían usarse los empréstitos europeos y evitar los altos intereses que suelen llevar a la pérdida de las haciendas, facilitando a la vez la circulación.

La ley no debe establecer los intereses. En materia fiscal no se aplicarán préstamos forzosos ni obligaciones militares. Los impuestos deben recaer sobre el consumo, proporcionalmente al de todos los ciudadanos, y no fijarlos sobre la renta. Los elevados gravámenes al comercio exterior conducen al contrabando con el cual se han enriquecido muchos comerciantes. El gobierno, para aligerar el peso de los impuestos, debería economizar sus gastos administrativos.

El texto de Francisco Pimentel es un retrato hablado que da cuenta de la mayor parte de la sociedad mexicana —masivamente agraria— desde la perspectiva de un intelectual, economista y propietario territorial, visión compartida al menos de manera parcial en el pensamiento o en los hechos por otros miembros de la clase dominante —en particular hacendados— y de sectores medios acomodados.

---

[34] Generalmente los inventarios de las haciendas registran raciones de maíz o alverjón, o productos similares pero no carne.

Por una parte, llama la atención la claridad con que precisa la necesidad de que el gobierno tome medidas para mejorar la circulación de bienes y personas (tropas) mediante caminos y transportes carreteros aptos, suprimiendo obstáculos impositivos, aduanas interiores y otros. Destaca su propuesta de crear la banca agrícola en ese momento en que apenas se establecía el Banco de Londres (1864), así como su empecinado reclamo por la total libertad de acción en el quehacer económico privado, la libre concurrencia, el "achique" presupuestario estatal y el ordenamiento y reducción de gravámenes —que supone una reforma del "sistema administrativo y económico"—, y sobre todo la exaltación de la propiedad privada, incluyendo la pequeña propiedad como única forma válida para el progreso económico individual (desestimando la comunidad).

Por otra, ese pensamiento "avanzado" del autor va acompañado de un descreimiento mayúsculo de las cualidades de la inmensa mayoría de la población.

Cuando Pimentel expresa la conveniencia de aplicar las Leyes de Reforma afectando tierras de comunidades indígenas se estaría ante el caso de la separación del productor de sus medios de producción, pero no necesariamente para convertirlo en fuerza de trabajo rural asalariada en propiedades privadas con relaciones capitalistas. La defensa que el autor de manera paralela hace del endeudamiento —con el argumento de que es una forma de crédito y del pago en especie— supuestamente en zonas alejadas de comercios implica relaciones precapitalistas con degeneración del salario y especulación sobre un mercado cautivo, es decir, la marginación de los trabajadores del "mercado libre". ¿Donde quedó, entonces, la libre concurrencia que en el plano económico reclama Pimentel?

Al igual que defiende la especulación del comerciante que compra barato, guarda la mercancía y oportunamente vende más caro, afirma que también es lícito hacer lo mismo con la tierra, e igualmente es apropiado que quien hizo dinero en otras actividades adquiera tierras, aunque sólo sea para descansar, sin hacer producir la propiedad. En ese mismo orden de ideas señala como inconveniente el ausentismo de gran parte de los hacendados, y también las tierras ociosas —refugio de malhechores y revolucionarios— de grandes propiedades rurales (responsabilizando en este caso a la carencia de población), pero antes que nada está el derecho sobre la propiedad privada, por lo cual no admite ninguna ingerencia del Estado que la afecte. Estos ejemplos son elocuentes respecto del rasgo especulativo que se puede apreciar en México y América Latina entre miembros de la "clase propietaria" relacionado también con lo siguiente. Pimentel menciona de paso la "multiplicación de las máquinas", pero no se detiene en un problema fundamental que es el rezago técnico agrario, y el escaso interés de la generalidad de los hacendados de la época en invertir en capital fijo (instalaciones modernas, equipos, etcétera). No considera tampoco el cambio de las condiciones de vida de los trabajadores —lo que necesitan no es nutrirse sino lo "estrictamente necesario" para vivir— ni en la transformación técnica de las haciendas tradicionales elevando el nivel de desarrollo de la fuerza de trabajo y de los medios de producción.

Al concluir con los comentarios acerca de los jornaleros expresa: "De todo lo dicho resulta que las causas de la situación de nuestros jornaleros existen en *ellos mismos* y en el *sistema administrativo y económico*" (las cursivas son nuestras). De hecho, exime de responsabilidad a los propietarios.

A propósito de la escasez en "cantidad y calidad" de la población, plantea: "¿Qué será mejor, educar y moralizar a nuestro pueblo o traer población extranjera?". El remedio es única y exclusivamente la segunda alternativa. No se trata de matar por la espada al indio. Si se lo ilustra se desarrolla en él un talento maligno y su civilización traería males y no bienes. Tampoco es posible moralizar a los hombres formados en el vicio, como las multitudes de bandidos llamados guerrilleros. Mezclándose con extranjeros europeos se tendría una raza mixta (en transición) y más avanzada sería la mezcla con los mestizos existentes (más activos, enérgicos y resistentes para trabajos rudos), además de que con educación mejorarían.

En México existen dos pueblos diferentes y, aún peor, hasta cierto punto son enemigos. Mientras la población no evolucione fundida en una raza "México no puede aspirar al rango de nación". (Los negros, aunque libres, serían inútiles y perniciosos; necesitan una disciplina muy rigurosa para vivir en orden y trabajo.)

La "solución" que Pimentel propone a través de la colonización en oleadas sucesivas de blanqueamiento es una propuesta externa al país real. En éste se asienta una sociedad cuya población en su inmensa mayoría es un obstáculo y, en consecuencia, hay que extinguirla o reducirla a una minoría trayendo masivamente gente honesta e industriosa.

Se trataba de transformar la estructura social (y económica) del país mediante el desplazamiento poblacional, pero sin afectar los mencionados derechos de los hacendados, para que esa gran parte de la clase dominante permaneciera sin perder ninguna de sus prerrogativas tradicionales.

La situación internacional experimentó grandes cambios, más allá de los efectos negativos de la gran crisis de 1873. Estos cambios no tardarían en incrementar extraordinariamente el comercio mundial, imponiendo a México y a muchos países el papel de abastecedores de víveres, materias primas e insumos varios para la producción industrial de países avanzados.

En el entorno europeo se acentuaron las transformaciones económicas que desde mediados de siglo —en distintos momentos y con diferente ritmo— venían desarrollándose en Bélgica, Holanda, Francia, Alemania y algunas áreas del norte de Italia, entre otros países. La Revolución industrial dejaría de tener el solo protagonismo de Gran Bretaña, aunque ésta continuaría siendo durante todo el periodo la principal potencia mundial. El incremento de la explotación de hierro y carbón (o la facilidad para su importación), la expansión de la industria textil lanera y de algodón, así como de la producción metalúrgica, eléctrica y naval, entre otras, conjugadas con la construcción de una amplia y densa infraestructura ferroviaria propiciaron la integración de vastas regiones y la creación y/o consolidación de los mercados nacionales en estos países. La modernización paulatina de las nuevas naciones industrializadas implicó, a su vez, la intensificación de la competencia por los mercados mundiales.

La economía estadunidense se hallaba en pleno apogeo —aunque su proceso de industrialización requeriría de varios decenios más—, disponía de enormes recursos naturales gracias a su política de expansión territorial (que pocos años antes había costado a México más de 2 000 000 de km$^2$), participaba intensamente en el comercio internacional como abastecedora de materias primas y mercancías con cierto grado de elaboración, a la vez que reexportaba productos de otros países apoyándose en su gran flota mercante de madera y velas (en la que los rápidos y elegantes veleros Clipper destacarían por sus hazañas). Al interior agilizaba el intercambio construyendo una red ferroviaria que ya en 1869 atravesava el país de costa a costa. Capitales y migrantes afluían contribuyendo a su acelerado progreso, mientras, finalizada la guerra de secesión, sobrevendría la ocupación del oeste y el genocidio indio ("el mejor indio es el indio muerto"), lo que sucedería también en otras áreas "vacías" de América, como las pampas argentinas o el norte de México.

En Gran Bretaña la Revolución industrial había tenido como símbolo a la industria textil algodonera conquistando los mercados mundiales, en particular los latinoamericanos, pero rebasado el medio siglo la Revolución significaba primordialmente carbón, hierro y acero. El proceso de urbanización incrementó la demanda de carbón aplicando nuevas técnicas en su producción. El transporte del carbón sobre rieles dentro y fuera de la mina antecedió a la combinación de la máquina de vapor con los rieles, que fue la matriz del ferrocarril. La expansión ferroviaria europea y estadunidense que precedió en decenios al caso latinoamericano impulsó la producción de hierro y carbón, propiciando más tarde la nueva industria siderúrgica. En cambio la expansión de los barcos de vapor, no obstante que la invención se había anticipado a la del ferrocarril, tendría que esperar largos decenios para imponerse a los navíos de vela y madera. Todavía en 1890 los vapores constituían sólo 45.7% de los barcos, pero al final del periodo, en 1910, superaban a los de madera al alcanzar 63.9% del total.

El progreso radical en los transportes terrestres y marítimos, y el consecuente abatimiento de los fletes, cumplieron un doble papel, ya que por una parte facilitaban, por su economía y rapidez, la comercialización (lo que por tanto estimulaba la producción) de pesados y voluminosos artículos primarios y secundarios. Por otra parte, el incremento de la producción y la comercialización demandaba transportes más rápidos y económicos.

El entorno internacional condicionó fuertemente la oportunidad (el momento) y el trazado mismo de gran parte de las líneas férreas en diversos países latinoamericanos, incluyendo a México. Las modernas instalaciones ferroviarias en el área apuntaban ahora más a satisfacer los intereses del comercio exterior, principalmente de Gran Bretaña y los Estados Unidos, haciendo converger el tendido de rieles hacia puertos y lugares de frontera más propicios para la salida de mercancías demandadas por ellos (minerales y metales industriales, víveres, lanas, cueros y otras) y el ingreso de sus productos de exportación (artículos industrializados, incluyendo locomotoras, vagones, vías, maquinaria, equipos técnicos, herramientas y otros). En términos generales, no privó en México ni en Latinoamérica el interés de una integración cabal de los espacios internos nacionales ni adoptaba la política de presión que acostumbran ejercer los países más poderosos.

La expansión acelerada del comercio internacional; la exportación de capitales desde países capitalistas desarrollados; la división internacional del trabajo entre países productores de bienes secundarios; la revolución de los transportes, alcanzando de algún modo las regiones no industrializadas; las migraciones masivas de campesinos, obreros y técnicos hacia espacios "vacíos" de los Estados Unidos, Canadá, América Latina, Australia y Nueva Zelanda; la Revolución industrial compartida por un puñado de países y consecuentemente la competencia por el dominio económico de vastos mercados y regiones del mundo caracterizaron a grandes rasgos el periodo 1877-1910. Esta época, también calificada como el advenimiento del imperialismo, fue designada para el caso de México como el porfiriato, a la par que otros "porfiriatos" tenían lugar de manera casi simultánea en diferentes partes de Latinoamérica. Fue en ese contexto —y no antes— que tuvo lugar la época de expansión de las vías ferroviarias en México y otros países latinoamericanos.

John Coatsworth, aunque sin referirse a los ferrocarriles, observa correctamente que en esos momentos "el camino que México siguió no prometía más que una dependencia a largo plazo de la tecnología, los recursos y los mercados extranjeros".[35] El asunto es si esta opción era o no la única posible en virtud de los condicionamientos internacionales que terminaron por acorralar a tantos países no avanzados dentro del ordenamiento económico mundial en el llamado subsistema centro-periferia, intercambiando sus productos primarios por secundarios de países centrales o industrializados. Esa relación de subordinación ofrecía una rentabilidad más o menos inmediata a extranjeros y nacionales que obtenían excelentes beneficios por estar vinculados de distinta manera a las actividades involucradas (comercio, finanzas, transporte, producción, servicios varios). Era por excelencia, la época del intermediarismo a cargo de influyentes que obtenían concesiones de los gobiernos central y estatales (o provinciales) y traspasaban a empresas extranjeras y nacionales obteniendo comisiones, pagos o participación en el negocio concesionado. En la madurez del porfiriato apoderados con gran experiencia, entre ellos abogados cercanos al poder, hacían su agosto. Algunos desarrollaron una increíble actividad relacionada con concesiones ferroviarias, mineras, deslindes, alumbrado eléctrico, petróleo y otras.

---

[35] John Coatsworth, "Características generales de la economía mexicana en el siglo XIX", en Enrique Florescano, *Ensayos sobre el desarrollo económico de México y América Latina (1500-1975)*, FCE, México, 1979.

PESO RELATIVO DE LAS ACTIVIDADES ECONÓMICAS.
AGRICULTURA. MINERÍA. ARTESANÍA. INDUSTRIA.
FINANZAS. COMERCIO

Entre las diversas actividades económicas la agropecuaria continuó siendo en el porfiriato la que disponía de mayor número de brazos y a la que estaba vinculada gran parte de la población. Todavía al promediar el siglo XX más de 50% de la fuerza de trabajo y de los habitantes radicaban en el campo.

Durante este periodo en gran parte del medio rural (haciendas, ranchos, pequeña propiedad, comunidades) perduraron métodos, técnicas e instrumentos tradicionales, a la par que tuvieron lugar transformaciones significativas en algunas áreas del sector. Entre los cambios a finales del siglo XIX e inicios del XX ciertas haciendas incorporaron métodos, maquinarias modernas, obras de regadío a veces de grandes dimensiones y ramales de vías que conectaban la hacienda con la flamante red ferroviaria. Este enlace permitía economizar tiempo y fletes, a la vez que acceder con mayor facilidad a mercados más distantes. En algunas haciendas azucareras la locomotora había llegado a las entrañas del ingenio. Un gran número de establecimientos no variaron de manera apreciable conservando, entre otras cosas, las arrias de mulas como transporte, sobre todo cuando la lejanía de la red troncal ferroviaria los marginaba sensiblemente de mercados lejanos. Por el contrario, en unidades productivas avanzadas se produjo una verdadera transformación de la estructura física que hasta entonces había permanecido desde la Colonia. Así, a medida que se entraba en una hacienda azucarera moderna era posible apreciar elementos nuevos que sustituían a los anteriores: el ramal ferroviario; grandes canales de la obra hidráulica moderna "con sus bombas y equipos; tierras, lagunas y ríos concesionados por el gobierno; línea telefónica; tren de carros (sistema Decauville) para transportar la caña (en lugar de carretas tiradas por bueyes); grúa de motor para operar entre el tren de carros y el trapiche; edificio de ingenio adecuado a las necesidades de los nuevos métodos de producción, a veces con entrepisos y corredores de acceso a las grandes maquinarias; trapiches —molinos desmenuzadores— de motor; equipos calentadores de jugo a presión; calderas de cientos de caballos de fuerza; bombas de vacío; defecadoras; centrifugadoras; granuladores; máquinas cubicadoras; prensas; filtros, y otros. Era posible producir cientos de toneladas de azúcar blanca, refinada y en cubos, además de destilar miles de litros de alcohol por día."[36] (Véanse cuadros 1, 2 y gráfica 1.)

La propiedad inmueble fue objeto de un acentuado tráfico de operaciones de compraventa, de remates hipotecarios y de las desamortizaciones y nacionalizaciones antes mencionadas, a las que se sumaron los deslindes de millones de hectáreas de tierras "baldías", con los frecuentes pagos (en tierra) por concepto de comisiones y las graciosas concesiones a nacionales, extranjeros residentes y compañías (y personas) foráneas. Este tipo de transacciones a veces se hacía encubiertamente por intermediarios influyentes quienes obtenían para sí las concesiones, adquisiciones, derechos, etcétera, y las traspasaban a empresas extranjeras mediante los siguientes pasos: traspaso del bien o de derechos del Estado al intermediario; constitución de una sociedad por acciones en el extranjero (predominantemente en los Estados Unidos); poder de la sociedad en favor del intermediario o bien de sus prestanombres; transferencia del bien o derechos del intermediario a la

---

[36] Guillermo Beato, "La gestación histórica de la burguesía y el Estado en México, 1750-1910", *op. cit.*

## Cuadro 1
### Estados con mayor porcentaje de productos agrícolas, 1888 y 1900

| Producto | Estados y porcentajes (1888) | | | | | |
|---|---|---|---|---|---|---|
| Algodón | Coahuila | 34.9 | Durango | 29 | Veracruz | 11.1 |
| Añil | Chiapas | 71.9 | Oaxaca | 13.1 | Otros | 15 |
| Arroz | Colima | 23.7 | Morelos | 22.1 | Chiapas | 9.1 |
| Azúcar | Morelos | 37.4 | Jalisco | 13.3 | Puebla | 8.9 |
| Cacao | Tabasco | 52.2 | Chiapas | 46.5 | Otros | 1.3 |
| Café | Veracruz | 55.9 | Oaxaca | 12.2 | Chiapas | 8.3 |
| Cebada | Estado de México | 21 | Puebla | 20.1 | Guerrero | 16.8 |
| Frijol | Guanajuato | 12.8 | Chihuahua | 8.7 | Jalisco | 8.5 |
| Garbanzo | Guanajuato | 36.9 | Michoacán | 31 | Jalisco | 12.9 |
| Henequén | Yucatán | 97 | Campeche | 2.9 | | |
| Ixtle | Tamaulipas | 31 | Coahuila | 22.5 | San Luis Potosí | 20 |
| Maíz | Guanajuato | 12.9 | Jalisco | 12.1 | Oaxaca | 9.1 |
| Papa | Puebla | 21.4 | Estado de México | 8.4 | Zacatecas | 8.4 |
| Tabaco | Veracruz | 40.9 | Oaxaca | 9.8 | Jalisco | 7.7 |
| Trigo | Guanajuato | 14.5 | Coahuila | 11.4 | Sonora | 11.1 |
| Vainilla | Veracruz | 100 | | | | |

| Producto | Estados y porcentajes (1900) | | | | | |
|---|---|---|---|---|---|---|
| Algodón | Durango | 44.7 | Coahuila | 27.8 | Nayarit | 12.6 |
| Añil | Chiapas | 89.9 | Oaxaca | 6.7 | Otros | 3.4 |
| Arroz | Michoacán | 27.3 | Morelos | 27.1 | Querétaro | 10.2 |
| Azúcar | Morelos | 39 | Jalisco | 16.6 | Veracruz | 8.8 |
| Cacao | Tabasco | 53 | Chiapas | 46.1 | Otros | .9 |
| Café | Veracruz | 59.2 | Chiapas | 18.2 | Otros | 22.6 |
| Cebada | Puebla | 50.5 | Estado de México | 18 | Hidalgo | 11.7 |
| Frijol | Puebla | 15.5 | Aguascalientes | 10 | Jalisco | 10 |
| Garbanzo | Jalisco | 46.8 | Michoacán | 18.7 | Guanajuato | 18 |
| Henequén | Yucatán | 99.5 | | | | |
| Ixtle | Nuevo León | 32.3 | Tamaulipas | 24.3 | Coahuila | 19 |
| Maíz | Veracruz | 13.1 | Jalisco | 11.7 | Puebla y Guanajuato | 19.4 |
| Papa | Puebla | 30.2 | Veracruz | 11.7 | Tlaxcala y Sonora | 13.2 |
| Tabaco | Veracruz | 54 | Nayarit | 11.4 | Jalisco | 6 |
| Trigo | Guanajuato | 26.9 | Jalisco | 17.4 | Michoacán | 15.7 |
| Vainilla | Veracruz | 95 | Puebla | 5 | | |

Fuente: cuadro elaborado con base en Rosa M. Nettel Ross, "Geografía estatal de México en el siglo XIX", Departamento de Investigaciones Históricas, INAH, Cuaderno de Trabajo núm. 23, s/f.; Antonio Peñafiel, *Anuario estadístico de la república mexicana*, México, 1900.

## Cuadro 2
## Cabezas de ganado en 1902
### (miles)

|  | Bovino | Caprino | Lanar | Porcino | Caballar | Mular |
|---|---|---|---|---|---|---|
| **Región norte** | | | | | | |
| Baja California | 118 728 | 4 074 | 5 346 | 10 928 | 8 000 | 3 000 |
| Coahuila | 289 985 | 1 492 923 | 180 415 | 65 849 | 55 000 | 10 000 |
| Chihuahua | 814 520 | 316 605 | 159 888 | 136 974 | 59 000 | 9 000 |
| Durango | 405 376 | 534 304 | 383 947 | 107 297 | 104 000 | 32 000 |
| Nuevo León | 302 577 | 916 915 | 151 526 | 62 493 | 28 000 | 7 000 |
| San Luis Potosí | 355 124 | 519 844 | 415 697 | 150 345 | 36 000 | 12 000 |
| Sinaloa | 490 145 | 888 | 475 | 154 103 | 8 000 | 5 000 |
| Sonora | 775 795 | 3 810 | 4 550 | 57 073 | 52 000 | 11 000 |
| Tamaulipas | 252 302 | 264 911 | 108 284 | 78 063 | 69 000 | 14 000 |
| Tepic | 228 016 | 2 169 | 1 509 | 175 015 | 13 000 | 8 000 |
| Zacatecas | 690 491 | 429 377 | 826 704 | 147 702 | 56 000 | 25 000 |
| subtotal | 4 723 059 | 4 485 820 | 2 238 341 | 1 100 842 | 486 000 | 136 000 |
| **Región centro** | | | | | | |
| Aguascalientes | 50 357 | 38 197 | 67 974 | 27 108 | 4 000 | 3 000 |
| Colima | 51 230 | 2 450 | 296 | 24 394 | 4 000 | 2 000 |
| Distrito Federal | 54 343 | 1 130 | 2 715 | 30 860 | 2 000 | |
| Guanajuato | 408 807 | 239 933 | 194 805 | 319 318 | 31 000 | 15 000 |
| Hidalgo | 204 136 | 161 385 | 186 663 | 92 298 | 8 000 | 8 000 |
| Jalisco | 1 016 678 | 21 769 | 67 174 | 375 689 | 70 000 | 2 000 |
| Estado de México | 321.257 | 136 516 | 143 643 | 138 124 | | |
| Michoacán | 754 918 | 54 418 | 102 086 | 308 697 | 26 000 | 54 000 |
| Morelos | 81 406 | 3 727 | 8 314 | 42 487 | 9 000 | 7 000 |
| Puebla | 341 955 | 253 892 | 228 358 | 227 230 | 9 000 | 25 000 |
| Querétaro | 124 466 | 72 693 | 31 839 | 97 613 | 8 000 | 5 000 |
| Tlaxcala | 50 229 | 20 948 | 71 372 | 71 891 | 1 000 | |
| subtotal | 3 459 782 | 1 007 058 | 1 013 449 | 1 755 707 | 172 000 | 121 000 |
| **Región sur** | | | | | | |
| Campeche | 41 946 | 41 | 18 | 25 674 | 2 000 | 3 000 |
| Chiapas | 278 321 | 3 156 | 16 117 | 268 344 | 42 000 | 5 000 |
| Guerrero | 357 463 | 38 913 | 6 677 | 293 485 | 16 000 | 4 000 |
| Oaxaca | 378 131 | 68 889 | 61 406 | 204 330 | 12 000 | 3 000 |
| Tabasco | 105 584 | 1 763 | 835 | 148 614 | 2 000 | 3 000 |
| Veracruz | 683 545 | 25 711 | 42 734 | 373 822 | 40 000 | 10 000 |
| Yucatán | 182 355 | 273 | 678 | 69 250 | 15 000 | 13 000 |
| subtotal | 2 027 345 | 138 748 | 189 873 | 1 385 519 | 147 000 | 41 000 |
| Total | 10 210 186 | 5 631 626 | 3 441 663 | 4 242 068 | 805 000 | 296 000 |

Fuente: *Estadísticas económicas del porfiriato, fuerza de trabajo y actividad económica por sectores*, El Colegio de México, México, 1960; Ernesto de la Torre Villar, "La economía y el porfirismo", en *Historia de México*, t. 8, Salvat, Barcelona, 1974; Salvat Mexicana, México, 1974.

Gráfica 1
Producción mexicana de materias primas agrícolas
para la industria (1892-1910)

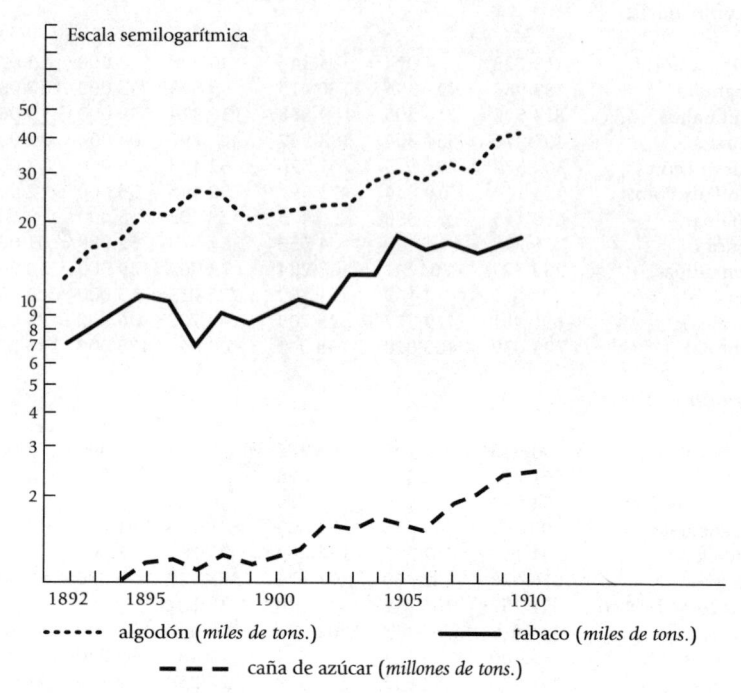

Escala semilogarítmica

······ algodón (*miles de tons.*)  ——— tabaco (*miles de tons.*)
— — — caña de azúcar (*millones de tons.*)

Fuente: *Estadísticas económicas del porfiriato, fuerza de trabajo y actividad económica por sectores*, El Colegio de México, México, 1960.

sociedad o a sus prestanombres apoderados. Otras veces la sociedad extranjera ya estaba constituida y el influyente adquiría para sí el bien o derechos, ocultando que el verdadero titular sería la sociedad, y luego los traspasaba a ésta por un supuesto precio —que en realidad era una comisión—, fingiendo una venta. En pleitos judiciales entre los favorecidos salían a luz manejos encubiertos tras operaciones nominales.

Los deslindes y transferencias de tierras como las citadas tuvieron lugar en diversos territorios del país, aunque alcanzaron mayor significación en la escasamente poblada región norte.

La minería, cuyos principales centros de explotación se ubicaban en el norte, experimentó un gran cambio cuantitativo y cualitativo respecto del periodo anterior. Como se indica adelante, la producción minera en general se incrementó extraordinariamente, a la vez que el valor de la producción de minerales industriales fue avanzando en los últimos años del porfiriato y para 1907-1908 un poco mayor al de la plata y logró representar 66% pero respecto del valor de la producción de metales preciosos, plata y oro, en la fecha mencionada. El precio internacional de la plata había disminuido sensiblemente, aunque el del oro aumentó en ocasiones. En conjunto la producción aurífera y argentífera llegaba a valores y volúmenes sin precedentes.

Gráfica 2
Producción de plata (1877-1910)

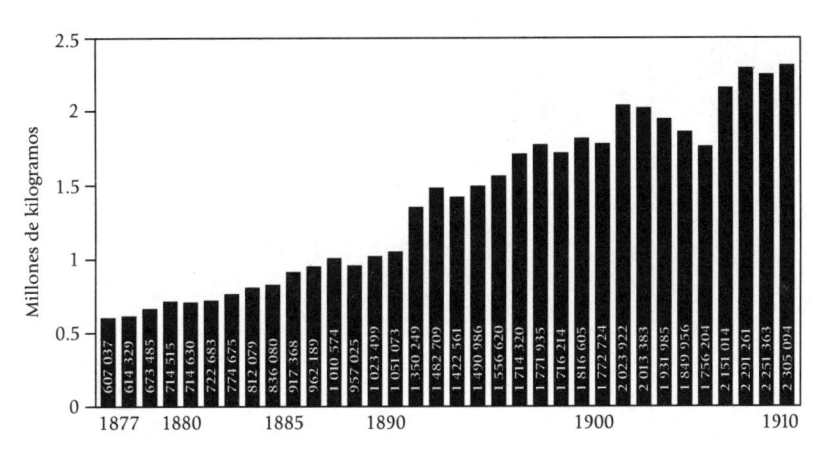

| Año | Kilogramos |
|---|---|
| 1877 | 607 037 |
| 1878 | 614 329 |
| 1879 | 673 485 |
| 1880 | 714 515 |
| 1881 | 714 630 |
| 1882 | 722 683 |
| 1883 | 774 675 |
| 1884 | 812 079 |
| 1885 | 836 080 |
| 1886 | 917 368 |
| 1887 | 962 189 |
| 1888 | 1 010 574 |
| 1889 | 957 025 |
| 1890 | 1 023 499 |
| 1891 | 1 051 073 |
| 1892 | 1 350 249 |
| 1893 | 1 482 709 |
| 1894 | 1 422 361 |
| 1895 | 1 490 986 |
| 1896 | 1 556 620 |
| 1897 | 1 714 320 |
| 1898 | 1 771 935 |
| 1899 | 1 716 214 |
| 1900 | 1 816 605 |
| 1901 | 1 772 724 |
| 1902 | 2 023 922 |
| 1903 | 2 013 383 |
| 1904 | 1 931 085 |
| 1905 | 1 849 956 |
| 1906 | 1 756 204 |
| 1907 | 2 151 014 |
| 1908 | 2 291 261 |
| 1909 | 2 251 363 |
| 1910 | 2 305 094 |

Fuente: *Estadísticas económicas del porfiriato, fuerza de trabajo y actividad económica por sectores*, El Colegio de México, Mexico, 1960, p. 137.

Cuadro 3
Producción de metales, 1900-1910
*(toneladas)*

| Años | Metales preciosos | | Ferrosos | No ferrosos | | | Metales industriales | | |
|---|---|---|---|---|---|---|---|---|---|
| | Oro | Plata | Hierro | Zinc | Plomo | Mercurio | Cobre | Aromonio |
| 1900-1901 | 13.8 | 1 816 | 3 273 | 1 000 | 79 011 | 126 | 28 208 | 3 708 |
| 1901-1902 | 14.7 | 1 772 | 2 832 | 800 | 100 500 | 160 | 35 150 | 3 161 |
| 1902-1903 | 14.9 | 2 023 | 6 178 | 850 | 103 669 | 190 | 41 199 | 1 761 |
| 1903-1904 | 17.0 | 2 013 | 16 683 | 900 | 97 771 | 189 | 48 900 | 1 999 |
| 1904-1905 | 21.3 | 1 931 | 21 554 | 1 400 | 98 103 | 190 | 58 604 | 1 586 |
| 1905-1906 | 27.3 | 1 849 | 25 368 | 12 283 | 87 448 | 195 | 63 532 | 1 948 |
| 1906-1907 | 27.3 | 1 756 | 27 072 | 22 882 | 74 929 | 200 | 59 544 | 3 517 |
| 1907-1908 | 30.3 | 2 151 | 23 319 | 19 424 | 101 584 | 200 | 47 823 | 4 331 |
| 1908-1909 | 33.7 | 2 291 | 36 106 | 9 325 | 122 598 | 200 | 47 702 | 3 888 |
| 1909-1910 | 36.2 | 2 257 | 51 677 | 2 417 | 121 239 | 226 | 52 695 | 3 730 |
| 1910-1911 | 37.1 | 2 305 | 59 332 | 1 713 | 120 525 | 203 | 52 116 | 3 931 |

Fuente: *Estadísticas económicas del porfiriato, fuerza de trabajo y actividad económica por sectores*, El Colegio de México, México, 1960.

## Cuadro 4
### Producción minero-metalúrgica

| Años | Valor (Precios corrientes) | 1900-1901 = 100 |
|---|---|---|
| 1877-1878 | 25 657 003 | 19.00 |
| 1878-1879 | 26 103 862 | 19.33 |
| 1879-1880 | 28 602 533 | 21.18 |
| 1880-1881 | 30 471 964 | 22.43 |
| 1881-1882 | 30 286 208 | 22.70 |
| 1882-1883 | 30 652 151 | 24.37 |
| 1883-1884 | 32 901 542 | 24.37 |
| 1884-1885 | 34 284 676 | 25.39 |
| 1885-1886 | 35 014 408 | 25.93 |
| 1886-1887 | 38 398 474 | 28.44 |
| 1887-1888 | 40 243 601 | 29.81 |
| 1888-1889 | 42 273 475 | 31.31 |
| 1889-1890 | 40 081 588 | 29.69 |
| 1890-1891 | 42 974 287 | 31.83 |
| 1891-1892 | 49 628 683 | 36.76 |
| 1892-1893 | 58 410 335 | 43.26 |
| 1893-1894 | 78 120 820 | 57.86 |
| 1894-1895 | 83 341 844 | 61.73 |
| 1895-1896 | 88 505 416 | 65.55 |
| 1896-1897 | 96 258 235 | 71.29 |
| 1897-1898 | 112 008 322 | 82.96 |
| 1898-1899 | 124 909 823 | 92.51 |
| 1899-1900 | 122 076 715 | 90.41 |
| 1900-1901 | 135 018 973 | 100.00 |
| 1901-1902 | 145 587 181 | 107.83 |
| 1902-1903 | 165 711 873 | 122.73 |
| 1903-1904 | 171 680 064 | 127.15 |
| 1904-1905 | 175 855 694 | 130.25 |
| 1905-1906 | 203 003 824 | 150.35 |
| 1906-1907 | 205 508 611 | 152.21 |
| 1907-1908 | 218 421 764 | 161.77 |
| 1908-1909 | 214 057 686 | 158.54 |
| 1909-1910 | 218 264 948 | 161.66 |
| 1910-1911 | 239 449 973 | 177.35 |

Fuente: *Estadísticas económicas del porfiriato, fuerza de trabajo y actividad económica por sectores*, El Colegio de México, México, 1960, p. 135; tomado de Guadalupe Nava, "La minería durante el porfiriato", en Ciro Cardoso (coord.), *México en el siglo XIX (1821-1910)*, Nueva Imagen, México, 1980.

Gráfica 3
Producción de minerales industriales (1892-1910)

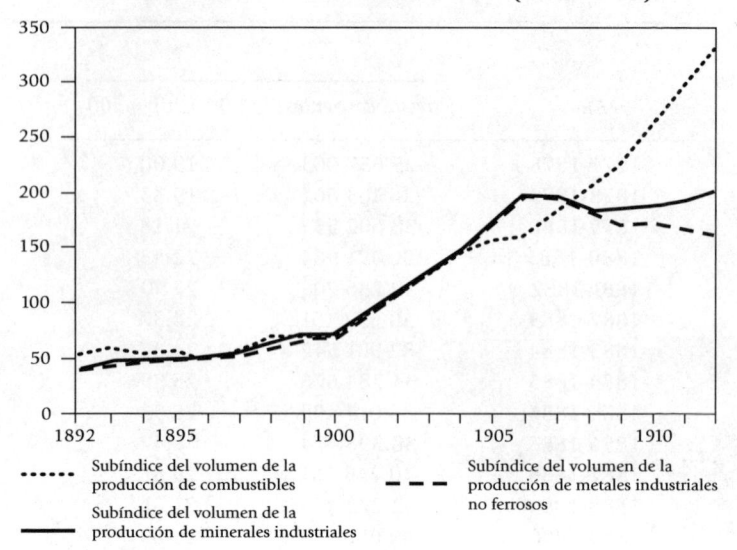

····· Subíndice del volumen de la producción de combustibles
— — Subíndice del volumen de la producción de metales industriales no ferrosos
——— Subíndice del volumen de la producción de minerales industriales

Fuente: Guadalupe Nava, "La minería bajo el porfiriato", en *Estadísticas económicas del porfiriato, fuerza de trabajo y actividad económica por sectores*, El Colegio de México, México, 1960, pp. 138-142.

Gráfica 4
Mercado externo de productos en general y de productos mineros de la república mexicana

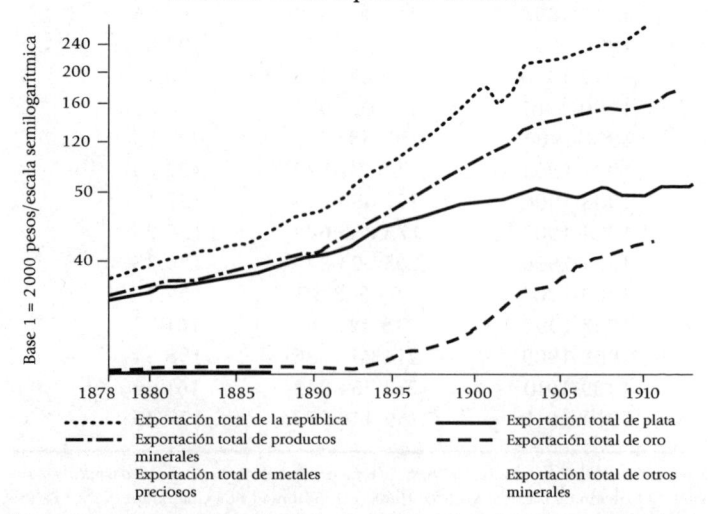

Base 1 = 2 000 pesos/escala semilogarítmica

····· Exportación total de la república
—·—· Exportación total de productos minerales
Exportación total de metales preciosos
——— Exportación total de plata
— — Exportación total de oro
Exportación total de otros minerales

Fuente: *Estadísticas económicas del porfiriato: comercio exterior de México, 1877-1911*, El Colegio de México, México, 1960, pp. 75-77; Guadalupe Nava, "La minería bajo el porfiriato", en *Estadísticas económicas del porfiriato, fuerza de trabajo y actividad económica por sectores*, El Colegio de México, México, 1960.

La significación del comportamiento de la producción minera se enlazaba con la ascendente suerte de la industria metalúrgica y con la pronunciada alza de las exportaciones sustentada de manera fundamental en ambas actividades, con la novedad de que a diferencia del periodo anterior la balanza comercial era favorable a México. La demanda internacional estimulaba las exportaciones y a la producción minero-metalúrgica misma. En ese contexto tenían lugar las inversiones extranjeras y, en otra medida, las nacionales, vinculadas a dichas exportaciones. En consecuencia, el peso de las actividades productivas involucradas y parcialmente las del sector externo cobraba una importancia conjugada en la economía general, pues se potenciaban respectivamente.

La producción artesanal, muy variada y extendida en la ciudad y en el campo retrocedía en la medida en que enfrentaba los progresos de la mecanización manufacturera y fabril, como sucedió ante el incremento de la producción de las fábricas textiles. Si bien un estimado cuantitativo del número de artesanos es engorroso, no hay duda de que ocuparon un segundo lugar tras los trabajadores rurales. La multiplicidad de su presencia bajo las más distintas formas aparecía en el seno de haciendas, ranchos y comunidades, centros urbanos y poblados, en talleres, negocios de poca monta, oficios individuales ambulantes o fijos de dedicación total o combinada con otras actividades. El avance urbano en diversos territorios, según el caso, podía tener consecuencias para los artesanos tanto por la demanda de sus servicios como por el cambio de condición al convertirse en trabajadores fabriles; en este sentido fue importante la migración hacia la región norte y el crecimiento de los establecimientos fabriles, con la consiguiente demanda de fuerza de trabajo en un medio de escasa población.

En la multiplicidad de tipos y niveles existentes en la actividad artesanal tenía lugar la producción para atender necesidades, para el trueque y para el mercado. La gran dimensión numérica de la heterogénea y poco calificada masa de "artesanos" (en general de bajo nivel técnico y medios de producción rudimentarios) constituía una muestra elocuente más del precario desarrollo de las fuerzas productivas del país.

La industria fabril textil ratificó durante el porfiriato el lugar de privilegio que entre las industrias de transformación había alcanzado en el periodo anterior. Las penurias por el abastecimiento de algodón desaparecieron a medida que la producción nacional permitió la disminución radical de importaciones de algodón estadunidense. El mayor número de trabajadores y las condiciones de trabajo precarias dieron lugar a una serie de movimientos huelguísticos, entre los cuales el más trágico y recordado fue el de la gran fábrica de Río Blanco (1907), integrante de la poderosa firma Compañía Industrial de Orizaba, S.A. que, no obstante la modernidad de sus instalaciones, tenía tienda de raya, al igual que otras empresas textiles, azucareras, agropecuarias y mineras.

Durante el periodo 1877-1910 la producción considerada en conjunto experimentó una tendencia ascendente, aunque existieron situaciones notablemente diferentes entre los distintos sectores. Dentro de ellos tampoco fueron uniformes las marchas de las diversas ramas productivas ni de los variados bienes creados. Así, entre los incrementos productivos destacaron ante todo los de la minería y de la industria metalúrgica, mientras que en otro orden de significación sobresalieron la industria fabril textil; la producción azucarera; la de algodón —que paulatinamente casi solucionó la demanda de las fábricas textiles, eliminando la gran dependencia del algodón estadunidense—; la de henequén y, en otra medida, la de café y caucho; cerveza y bebidas alcohólicas tradicionales. Sin embargo, salvo algunos casos señalados, la actividad agrícola en general al parecer apenas mantuvo un modesto sostenimiento, aunque dadas las sospechas acerca de la exactitud de las cifras disponibles no es posible realizar apreciaciones cuantitativas estrictas. Coatsworth[37] objetó con razón las cifras (infladas) de las estadísticas agrícolas de Emiliano Busto para 1877, las que en contraste hacían suponer una caída de la producción agrícola posterior a esta fecha. En cambio sí fueron significativas la mayor diversificación de los productos agrícolas y el incremento de su comercialización, en particular en las regiones más dinámicas que fueron ganando espacio, como sucedió en el centro y en la pujante región norte. Por el contrario, dada la insuficiencia de la producción de artículos agrícolas de primera necesidad, creció considerablemente su importancia para abastecer regiones carentes.[38] (Véanse cuadros 5 y 6.)

En cuanto al gran incremento de la producción minera, las principales explotaciones de cobre, zinc, plomo y —parcialmente— de plata mezclada con plomo, estaban ubicadas en la región norte, al igual que las más modestas de hierro y carbón mineral (para producir coque). Los yacimientos de oro y plata se hallaban distribuidos en diversas zonas del país, incluyendo el norte. También aquí se encontraban plantas industriales metalúrgicas nuevas, ya a principios del siglo XX, la naciente industria siderúrgica. Por tanto, la región norte fue donde se centró el mayor incremento productivo (minería, metalurgia, siderurgia), cuyo destino fundamental era el mercado externo.

---

[37] John Coatsworth, "Anotaciones sobre la producción de alimentos durante el porfiriato", en *Historia Mexicana*, núm. 102, El Colegio de México, México, octubre-diciembre de 1976.
[38] Fernando Rosenzweig, "El desarrollo económico de México de 1877 a 1911", en *El Trimestre Económico*, vol. XXXII (3), núm. 127, México, julio-septiembre de 1965.

Cuadro 5
Industria textil (*total nacional*)\*

| Año | 1843 | 1854 | 1877-1878 | 1896-1897 | 1897-1898 | 1898-1899 | 1899-1900 | 1900-1901 | 1901-1902 |
|---|---|---|---|---|---|---|---|---|---|
| Husos | 125 362 | 145 768 | 258 458 | 458 975 | 481 106 | 468 547 | 588 474 | 591 506 | 595 728 |
| Telares | 2 609 | 4 107 | 9 214 | 13 874 | 14 581 | 13 944 | 18 069 | 18 733 | 18 222 |
| Algodón, kilogramos consumidos | 4 878 742 | 5 791 463 | 11 918 726 | 24 191 376 | 25 067 106 | 26 518 059 | 28 985 253 | 30 262 319 | 27 628 366 |
| Producción de hilaza, en kilogramos | 3 866 763 | 3 346 398 | 2 753 196 | 1 820 206 | 1 582 692 | 1 896 042 | 1 884 402 | 1 837 302 | 1 879 329 |
| Piezas de manta | 339 820 | 875 224 | 3 795 408 | 8 786 881 | 9 217 381 | 10 239 799 | 11 552 952 | 11 581 523 | 10 428 532 |
| Empleados | — | 10 816 | 12 346 | 19 771 | 22 076 | 21 960 | 27 767 | 26 709 | 24 964 |
| Salarios | 1 417 364 | 1 609 870 | — | — | — | — | — | — | — |

Fuente: Luis Barjau Martínez *et al.*, "Seminario de cambios sociológicos en México en el siglo XIX", en *Estadísticas económicas del siglo XIX*, INAH, Cuadernos de Trabajo núm. 14 del Departamento de Investigaciones Históricas, México, 1976.
\* las cifras han sido calculadas y desagregadas de las fuentes indicadas.

## Cuadro 6
### Industria textil (*total nacional*)*

| Años | 1902-1903 | 1903-1904 | 1904-1905 | 1905-1906 | 1906-1907 | 1907-1908 | 1908-1909 | 1909-1910 | 1910-1911 |
|---|---|---|---|---|---|---|---|---|---|
| Husos | 632 601 | 641 060 | 678 048 | 686 217 | 693 842 | 732 876 | — | 702 709 | 725 297 |
| Telares | 20 271 | 20 506 | 22 021 | 22 774 | 23 507 | 24 997 | 25 327 | 25 017 | 24 436 |
| Algodón, kilogramos consumidos | 27 512 012 | 28 840 748 | 31 230 244 | 35 826 200 | 36 654 213 | 36 040 276 | 35 434 639 | 34 736 154 | 34 568 212 |
| Producción de hilaza, en kilogramos | 2 146 289 | 1 689 155 | 1 537 642 | 2 162 895 | 2 117 738 | 2 420 626 | 1 952 612 | 2 768 314 | 2 766 973 |
| Piezas de manta | 11 587 105 | 12 406 523 | 13 731 638 | 15 456 187 | 18 928 832 | 16 280 843 | 13 887 911 | 13 936 269 | 15 090 669 |
| Empleados | 26 149 | 27 706 | 30 162 | 31 763 | 33 132 | 35 811 | 33 889 | 31 963 | 32 147 |
| Salarios | — | — | — | — | — | — | — | — | — |

Fuente: Guillermo Beato, "Los inicios de la gran industria y la burguesía en Jalisco", en *Revista Mexicana de Sociología*, año XLVIII, núm. 1, enero-marzo de 1986.
* datos desagregados del Boletín de Estadística Fiscal. Año Fiscal de 1910-1911, Luis Barjau Martínez *et al.*, "Seminario de cambios sociológicos en México en el siglo XIX", en *Estadísticas económicas del siglo XIX*, INAH, Cuadernos de Trabajo núm. 14 del Departamento de Investigaciones Históricas, México, 1976.

La industria fabril textil, que en general producía para mercados regionales inmediatos y no para el exterior, estaba esparcida por distintos estados, aunque con una localización mayoritaria en la región central (en particular Puebla, Distrito Federal, Tlaxcala) y en la región del Golfo, donde destaca Veracruz; los textiles se ubicaron donde se concentraba la población más numerosa destinataria del artículo principal: la manta. En diversas partes se organizaron grandes establecimientos nuevos y los existentes se modernizaron, con gran capacidad productiva y mejoramiento en la calidad de sus textiles. Con la común denominación de Compañía Industrial, S.A. causaron gran impacto en sus medios y tuvieron una responsabilidad sobresaliente en el aumento de la producción fabril textil global. Entre ellas figuraron las firmas Compañía Industrial de Veracruz, S.A., Compañía Industrial San Antonio Abad, S.A., Compañía Industrial de Guadalajara, S.A. Este tipo de empresas fueron de las primeras en disponer de fuerza motriz hidroeléctrica a principios del siglo XX.

El incremento de la producción de azúcar abarcó no sólo espacios próximos al sur (Veracruz) y al centro (Morelos, Jalisco, Puebla, Michoacán) sino que en el norte, en Sinaloa, la expansión productiva (azúcar y alcohol) conquistó casi todos los mercados fronterizos. Según las condiciones del mercado internacional —sólo circunstancialmente favorables—, la producción mexicana pudo colocar sus excedentes en el exterior.

En la región sur el henequén (en Yucatán) conoció una etapa de extraordinario crecimiento impulsado por la demanda internacional, mientras el café y el caucho, en otra medida, también estaban vinculados con el mercado mundial. Esta dependencia del mercado externo repercutió oportunamente de manera negativa por la competencia de otras regiones foráneas o, según el caso, debido a su sustitución por otros productos.

Entre las fábricas de cerveza modernas cuya producción destinada a los mercados regionales competía con la cerveza importada, la Cervecería Cuauhtémoc de Monterrey (región norte) en los primeros diez años del siglo XX se convirtió en el principal establecimiento del país, superando las producciones de las grandes cerveceras del centro (Compañía Cervecera de Toluca y México, y Cervecería Moctezuma de Orizaba). La elaboración de otras bebidas alcohólicas más tradicionales también destinadas a mercados internos en algunos casos aumentó considerablemente, como sucedió con el pulque. La colocación de esta bebida en la ciudad de México se vio favorecida por una organización comercial moderna, la Compañía Expendedora de Pulque, S.A.

El incremento productivo en los diferentes órdenes mencionados en general fue posible gracias a la modernización de los medios de producción específicos, aunque éstos no se fabricaran en el país sino porque se importaban. A su vez la producción que más se desarrolló, la minero-metalúrgica, respondía a las necesidades externas y no a los requerimientos de los mercados internos, esto es, la modernización estaba condicionada por la exportación, dada la demanda foránea de insumos destinados a la producción de bienes industrializados. A su vez estos bienes incluían maquinarias y equipos que debían importar las industrias mexicanas "modernizadas" (minera, metalúrgica, siderúrgica, textil, azucarera, etcétera), así como las requeridas por los ferrocarriles, la industria eléctrica y otras. Además, el aparato productivo mexicano también debía importar de las naciones capacitadas una serie de insumos elaborados de que el país no disponía: aceites, lúpulo, malta, productos químicos y otros.

Detrás de los crecimientos de la producción, de la modernización y de las nuevas instalaciones, en gran medida, aunque no siempre, estaba la participación de firmas de fuertes capitales extranjeros, los cuales ocuparon de inmediato determinados espacios económicos de su interés que el insuficiente capital de nacionales y extranjeros residentes no estaba en condiciones de cubrir o que sólo podía hacerlo de manera parcial. En este sentido la cúspide de los empresarios mineros fue barrida por las compañías extranjeras en casi todo el país, desplazando a nacionales y extranjeros residentes. Otro tanto sucedió en la industria metalúrgica (metales industriales y preciosos), aunque en ambos casos excepcionalmente un grupo del empresariado nacional disputó un lugar entre las primeras filas de las actividades mencionadas. Fue el caso de esa burguesía en formación frecuentemente de antecedentes mercantil y prestamista, de dimensión regional, que en el norte, en particular desde Monterrey, emprendió exploraciones mineras sobre todo en territorios norteños y que entre otras empresas estableció en aquella capital (1900) la Compañía Fundidora de Fierro y Acero de Monterrey, S.A., asociando sus capitales acumulados en la región a otros del país y del extranjero. Ese fenómeno tan singular de la industria metalúrgica en el contexto mexicano, y sin precedentes en Latinoamérica, amerita rescatarse, a la vez que tener presentes sus limitaciones en función de los condicionamientos antes señalados. La industria metalúrgica y siderúrgica en el país, de capital fundamentalmente extranjero, como se dijo, destinaba su producción casi total al mercado externo (países avanzados), a la vez que sus maquinarias y equipos eran importados, al igual que ciertos insumos.

Si en las grandes empresas mineras, metalúrgicas y siderúrgicas campeaba el capital extranjero, en el caso de la industria textil más avanzada el capital extranjero (en especial francés) en general desplazó al empresariado nacional y extranjero residente, pero éste permaneció en el nivel menos modernizado de las numerosas fábricas textiles esparcidas por casi toda la república, conservando buena parte de sus mercados. Ese empresariado integraba los grupos burgueses capitalistas aún en conformación a nivel regional o local y cuyo lento proceso formativo hacía decenios estaba particularmente vinculado a las fábricas textiles de las cuales eran propietarios privados y cuya fuerza de trabajo eran asalariados que, recíprocamente, integraban grupos de proletarios en formación.

Parte del capital "francés" fue acumulado en México, ya que algunos propietarios de los establecimientos más avanzados habían ejercido previamente el comercio en el país, como sucedió con los propietarios de la Compañía Industrial de Guadalajara, S.A.

El impacto del capital extranjero invertido en la industria textil fue significativo pero al mismo tiempo limitado, toda vez que la producción estaba destinada sólo al consumo interno (regional) y de ningún modo podía aspirar a competir en el mercado internacional, a diferencia de la producción metalúrgica que como insumo tenía gran demanda en el exterior.

En lo que hace a la producción azucarera —que también tenía por mercado determinadas regiones del país, pues excepcionalmente pudo exportar—, el capital extranjero alcanzó aún menor trascendencia, aunque hubo casos como en Sinaloa, donde sí se establecieron modernas firmas extranjeras o se modernizaron otras existentes, como hizo el estadunidense Johnston con el establecimiento El Águila, de Zacarías Ochoa. A propósito de la millonaria (siete millones de pesos) empresa "estadunidense" The Almada Sugar Co., en realidad se trataba de un subterfugio de los mexicanos hermanos Jesús y Jorge Almada, quienes poseían 34 986 acciones, mientras que siete prestanombres se repartían las 14 solitarias acciones restantes. La ficticia formación de la sociedad —en Nueva York— apuntaba a obtener un préstamo de 1 500 000 pesos (en tanto firma de mayoría estadunidense) por un banco estadunidense. El capital de los Almada se había acumulado en México a través de una impresionante actividad diversificada (comercio, préstamo, minería, compraventa de inmuebles, explotación azucarera y agropecuaria y otras) y además por haber sido agraciados con concesiones gubernamentales de grandes extensiones de tierra y recursos hidráulicos.

Por su parte la gran producción de henequén radicada ante todo en Yucatán combinó la explotación despiadada de indígenas mayas (y de yaquis desterrados) con el uso de máquinas desfibradoras nuevas al alcance de la capacidad técnica nacional, instrumentos y procedimientos mejorados, incluyendo el empleo de trenes Decauville. Directamente relacionada con el *boom* henequenero se encumbraba la "casta divina" integrada por grandes hacendados henequeneros.

No obstante los sacudimientos provocados por las crisis cíclicas, durante el periodo 1877-1910 la economía internacional alcanzó un vigor sin precedentes, mientras que en México en determinados sectores, áreas y niveles tenían lugar los procesos conjugados mencionados de incremento de la producción global, modernización relativa, inversiones extranjeras y, en su medida, nacionales, avances parciales en la comercialización y, también, la agilización de los transportes que en ese contexto jugaron un papel complementario a la vez que decisivo. En 1880 las líneas férreas apenas sobrepasaban 1 000 km, en 1890 eran 9 558, en 1900 13 540 y en

1910 19 205.[39] Como en otras partes de Latinoamérica la expansión ferroviaria —y las obras portuarias— principalmente, aunque no de manera exclusiva, respondía a los requerimientos del comercio exterior. En consecuencia, el tendido de las vías avanzaba sobre las zonas económicas de interés inmediato o de perspectivas en un futuro cercano, vinculándolas con los centros de exportación e importación fronterizos con los Estados Unidos y del litoral marítimo (Veracruz y Tampico, en primer lugar). En la frontera norte, a su vez, se ubicaban las terminales de diversas líneas férreas estadunidenses. No era extraño que la inmensa mayoría de las cargas estuvieran relacionadas con el mercado externo.

Las finanzas públicas también registraron grandes transformaciones. La deuda externa mexicana había variado en su composición y cantidad con el triunfo de Juárez y la restauración de la República, rechazándose en aquel momento el débito contraído por Maximiliano de cerca de 100 millones de pesos. En cambio reconocía la deuda anterior a la guerra civil y la contraída en Londres, aunque en este último caso no se aceptaba la capitalización celebrada por Maximiliano.[40]

Durante la segunda mitad del siglo XIX, la deuda nacional mexicana fue uno de los principales problemas que aquejaban al Estado mexicano. Precisamente la insolvencia fue un justificativo para la inversión extranjera, a la par que la presión de los acreedores dejaba sin recursos al fisco. Los graves conflictos nacionales habían retrasado la resolución del problema más de 20 años. Sólo se enfrentaron los pagos de los bonos de la conversión estadunidense y las deudas adquiridas por la

---

[39] Francisco Calderón, "Los ferrocarriles", en Daniel Cosío Villegas (coord.), *Historia moderna de México*, Hermes, México, 1974; John Coatsworth, *El impacto económico de los ferrocarriles en el porfiriato*, SepSetentas, México, 1976.

[40] Jan Bazant, *Historia de la deuda exterior de México (1823-1946)*, op. cit.

nacionalización de las tierras llevada a cabo por el gobierno liberal. En los setenta y ochenta los gobernantes estuvieron de acuerdo en aceptar la deuda, aunque diferían respecto de las condiciones para su negociación.[41]

La política de consolidación y conversión de la deuda nacional y de la deuda flotante, durante el segundo mandato de Díaz, permitió tanto un nuevo acceso al crédito europeo como la recomposición de la deuda nacional.[42]

Por intermedio del Banco Nacional de México se abonaron intereses vencidos en 1886. Esto permitió obtener en 1888 un préstamo de 10.5 millones de libras (52 500 000 pesos) a 6% anual de las casas S. Bleichroeder y Anthony Gibbs and Son —alemana e inglesa, respectivamente— con la finalidad de amortizar la deuda nacional. El Banco Nacional de México pagó puntualmente el servicio de este nuevo empréstito.[43] La conversión incluía tanto la deuda interna como la externa, reconociendo a la primera títulos y bonos desde 1850 hasta 1883, pero excluyendo los débitos del bando conservador y del Imperio. La deuda externa se aceptaría a la par del capital nominal de la deuda de Londres, de la Convención inglesa de 1851 y de las convenciones españolas de 1851 y 1853, y sólo al 20% de los bonos emitidos por el Imperio.[44] La operación significó la recuperación del crédito público y el comienzo de una nueva era de fortalecimiento de las relaciones con Europa.[45]

---

[41] Leonor Ludlow, "La construcción de un banco: el Banco Nacional de México (1881-1884)", en Leonor Ludlow y Carlos Marichal, *op. cit.*
[42] *Ibidem.*
[43] José Antonio Bátiz, "El Banco Nacional de México y las finanzas del país", en Bárbara A. Tenenbaum, *Pasado y presente de la deuda externa de México*, El Día en Libros/Instituto de Investigaciones Históricas Dr. José María Luis Mora, México, 1988.
[44] Leonor Ludlow, *op. cit.*
[45] *Ibidem.*

En 1890 S. Bleichroeder otorgó un nuevo crédito por seis millones de libras esterlinas (30 millones de pesos), aunque no fue suficiente para lograr la consolidación financiera, ya que se destinó a pagar la deuda flotante y otros compromisos, como subvenciones debidas a compañías ferroviarias. En 1893 se contrató otro empréstito por tres millones de libras (15 millones de pesos) aportando 44.57% la casa S. Bleichroeder y 55.43% el Banco Nacional de México, ofreciendo en calidad de garantía futuras recaudaciones en concepto de importaciones y exportaciones. Una parte de este préstamo (3 632 500 pesos) se asignó para abonar al Banco Nacional de México los anticipos que había otorgado al gobierno en 1892 y 1893. Esta institución bancaria cobraba intereses mucho menores que los agiotistas.[46]

El Banco Nacional de México, de capital francés y en menor medida estadunidense, español y mexicano, aunque siempre ligado al gobierno, en 1899 participó una vez más en la conversión de la deuda externa. Se obtuvo un crédito por 22 700 000 libras a un interés de 5%, cuyo plazo de amortización se extendería hasta 1945. Este crédito abarcaba las deudas de 1888, 1890 y 1893 y el empréstito de 1869 para el ferrocarril de Tehuantepec. Con esta conversión se buscaba atenuar el peso del servicio de la deuda sin prolongar el plazo de su extinción. La operación fue conocida como "Deuda Consolidada Exterior Mexicana del 5% de 1899". Su garantía era 62% de los impuestos sobre exportaciones e importaciones.[47]

También en 1910 esta institución participó en la conversión de la deuda externa del gobierno como integrante del grupo que tomó 50% del empréstito de 22 200 000 libras

---

[46] José Antonio Bátiz, *op. cit.*
[47] *Ibidem.*

(216 450 000 pesos), llevando asimismo la cuenta respectiva, lográndose algunas ventajas en la negociación, como un plazo de amortización que se extendía hasta 1945 y medios pagos anuales. También se extinguió la condición de la venta de certificados de aduana para la percepción de 62% de los derechos, recibiendo el Banco ese producto en lo sucesivo. Además la Bolsa de París emitiría los títulos que cotizarían en mercados alemanes, ingleses y estadunidenses. Sólo 50% de este empréstito, tomado por el Sindicato de Bancos a 94.75% de su valor nominal, se llegó a utilizar, pues el resto —sujeto a opción— no fue lanzado a la venta por el inicio de la Revolución.[48] (Véase cuadro 7.)

Al caer Porfirio Díaz México tenía una deuda externa de 441 millones de pesos, de los cuales 138 correspondían a obligaciones ferrocarrileras que el gobierno había garantizado, 183 a bonos de 4% y 119 a bonos de 5%, ambos de largo plazo.[49]

En lo que hace al proceso paralelo de la creación de nuevas instituciones bancarias se intensifica a partir del último cuarto del siglo XIX, como señala Bátiz,[50] con anterioridad al dictado de la primera legislación sobre bancos en 1884 (Código de Comercio) ya había una decena de establecimientos crediticios: seis en la ciudad de México y los restantes en Chihuahua. Este estado entre 1875 y 1883 autorizó la creación de cuatro bancos —Banco de Santa Eulalia; el Banco Mexicano de Chihuahua, con capital de Luis Terrazas; el Minero de Chihuahua; y el Banco de Chihuahua, con capital inicial estadunidense—, con la facultad de emitir billetes todos ellos. La totalidad de las demás autorizaciones fueron otorgadas por el

---

[48] *Ibidem.*
[49] *Ibidem.*
[50] José Antonio Bátiz, "Trayectoria de la banca en México hasta 1910", en Leonor Ludlow y Carlos Marichal, *op. cit.*

## Cuadro 7
## La Banca en México

| Razón social | Año de concesión | Capital social al fundarse (pesos) | Observaciones (ubicación, especialidad, cambios y fusiones) |
|---|---|---|---|
| Banco de Londres y México | 1864 | 1 000 000 | D.F. |
| Banco de Empleados | 1883 | 500 000 | D.F., se fusionó en 1983 con el Banco de Londres y México |
| Banco de Santa Eulalia | 1875 | n.d. | Chihuahua, se convirtió en 1889 en Banco Comercial de Chihuahua |
| Banco Comercial de Chihuahua | 1889 | 600 000 | |
| Banco Mexicano de Chihuahua | 1878 | 750 000 | |
| Banco Minero de Chihuahua | 1882 | 600 000 | Se unió en 1895 al Banco Mexicano de Chiuhuahua |
| Banco de Chihuahua | 1888 | 500 000 | |
| Banco Nacional Mexicano | 1881 | 8 000 000 | D.F., se fusionaron en 1884, creando el Banco Nacional de México |
| Banco Mercantil Mexicano | 1882 | 4 000 000 | |
| Banco Nacional de México | 1884 | 20 000 000 | D.F. |
| Banco Internacional e Hipotecario | 1882 | 5 000 000 | D.F., hipotecario |
| Banco de Nuevo León | 1891 | 600 000 | |
| Banco de Zacatecas | 1891 | 600 000 | |
| Banco de San Luis Potosí | 1889 | 500 000 | |
| Banco de Durango | 1890 | 500 000 | |
| Banco de Coahuila | 1890 | 500 000 | |
| Banco Mercantil de Yucatán | 1889 | 500 000 | Se fusionaron en 1908, formando el Banco Peninsular Mexicano |
| Banco Yucateco | 1889 | 700 000 | |
| Banco Peninsular Mexicano | 1908 | 16 500 000 | Yucatán |
| Banco Agrícola e Hipotecario de México | 1900 | 2 000 000 | D.F., hipotecario |
| Banco Hipotecario Agrícola del Pacífico | 1900 | 2 000 000 | Sinaloa, hipotecario |
| Banco Central Mexicano | 1899 | 6 000 000 | D.F., refaccionario |
| Banco Mercantil de Monterrey | 1899 | 2 500 000 | |
| Banco Comercial Refaccionario de Chihuahua | 1902 | 2 000 000 | Refaccionario |
| Banco Mexicano de Comercio e Industria | 1906 | 10 000 000 | D.F., refaccionario |
| Banco del Estado de México | 1897 | 1 800 000 | |
| Banco de Jalisco | 1898 | 500 000 | |
| Banco Occidental de México | 1897 | 500 000 | |
| Banco de Sonora | 1898 | 500 000 | |
| Banco de Guanajuato | 1900 | 500 000 | |
| Banco de Tabasco | 1900 | 1 000 000 | |
| Banco de Tamaulipas | 1902 | 1 000 000 | |
| Banco de Hidalgo | 1902 | 500 000 | |
| Banco de Aguascalientes | 1902 | 500 000 | |
| Banco de Morelos | 1903 | 1 000 000 | |
| Banco de Guerrero | 1903 | 600 000 | |
| Banco Oriental de México | 1899 | 3 000 000 | |
| Banco de Oaxaca | 1902 | 500 000 | Se fusionaron en 1909 con el Banco Oriental de México |
| Banco de Chiapas | 1902 | 500 000 | |
| Banco de La Laguna | 1907 | 6 000 000 | Refaccionario |
| Banco de Campeche | 1900 | 600 000 | Refaccionario, fue de emisión de 1903 a 1908 |
| Banco de Michoacán | 1900 | 500 000 | Refaccionario, fue de emisión de 1902 a 1908 |

Fuente: José Antonio Batiz y Enrique Canudas, "Aspectos financieros y monetarios (1880-1910)", en Ciro Cardoso (coord.), *México en el siglo XIX (1821-1910)*, Nueva Imagen, México, 1980.

gobierno federal. Los bancos capitalinos gozaron de ventajas respecto de los del interior, producto de la tradicional pero creciente centralización económica del país.[51]

El Monte de Piedad, añeja institución benéfica que prestaba dinero con garantía prendaria, fue facultada en 1879 a emitir certificados impresos, que en la práctica eran billetes.

El Banco Nacional Mexicano, fundado en 1881 e inicialmente con capital francés emitía billetes que, conjuntamente con los del Monte de Piedad, eran los únicos que recibían las oficinas públicas. Se trataba de una entidad privada que funcionaría con independencia de las vicisitudes políticas: estaría sujeta a los tribunales de la república y no podía transferir sus concesiones a gobiernos foráneos.[52]

El Banco Mercantil Mexicano en sus inicios, con capitales de españoles residentes —muchos de ellos comerciantes destacados—, comenzó sus actividades en 1882. No contaba con concesión oficial, por lo cual estaba exento de la obligación de brindar al gobierno servicios especiales o prestarle montos cuantiosos. Tras la crisis de 1884 el Banco Nacional Mexicano y el Banco Mercantil Mexicano, a instancias del gobierno se fusionaron, adquiriendo el nombre de Banco Nacional de México.[53]

Por su parte el Banco Internacional e Hipotecario, constituido en 1882, fue el único que, por espacio de 20 años, otorgó créditos con garantía sobre propiedades inmobiliarias.

La normativa referida a la actividad bancaria, como se ha señalado, fue posterior a la propia existencia de las instituciones de crédito, y las primeras disposiciones se remontan al Código de Comercio de 1883, aunque existieron antecedentes al respecto. A lo largo de una parte del siglo XIX, estuvieron

---

[51] *Ibidem.*
[52] *Ibidem.*
[53] *Ibidem.*

vigentes algunas reglamentaciones de la época colonial regulatorias de la actividad bancaria o cambista, si bien las casas crediticias debieron establecer reglas propias para realizar sus operaciones.[54]

Durante el porfiriato se produjo un gran desenvolvimiento de la actividad y de la legislación bancaria como respuesta a los requerimientos —a la vez que estímulo— de la mercantilización de las actividades económicas. Se generalizó el uso de billetes, cheques y otros valores mobiliarios, se propició una mayor concentración de capitales dispersos e improductivos, se incrementaron los movimientos internacionales de capitales comerciales e industriales y se posibilitó la mayor influencia de la banca en la economía.[55]

El Código de Comercio de 1883 rigió durante cinco años y sentó las bases del futuro sistema bancario, constituyendo el inicio de la acción reglamentaria y de vigilancia llevada adelante por el Estado sobre la actividad bancaria, en un momento en que ésta tenía problemas.[56]

Ningún banco podía funcionar sin autorización gubernamental y requería constituirse como sociedad anónima con no menos de cinco socios que tuvieran como mínimo 5% del capital social en propiedades. No podían fijar domicilio o enviar capital al exterior, mientras que las emisiones de billetes no debían superar el capital exhibido, pesaría sobre ellas un gravamen de 5%, y garantizarían en metálico 66% del total de billetes emitidos. Esta reserva era distribuida por mitades en las arcas del banco y en la Tesorería de la Nación. Esto último suponía mantener grandes sumas improductivas. En cambio, la normativa aseguraba a la clientela ventajas y garantías. Además

---

[54] *Ibidem.*
[55] *Ibidem.*
[56] *Ibidem.*

de la legislación precitada, el contrato-concesión firmado simultáneamente con el Banco Nacional de México sirvió después como modelo para la Ley General de Instituciones de Crédito de 1897.[57] Esta ley abarcó casi todos los aspectos sobre la actividad financiera, volvió a establecer bases generales, considerando tres tipos de casas bancarias: bancos de emisión, refaccionarios e hipotecarios. Todos actuaban en la intermediación financiera, pero se distinguían por los plazos (corto, mediano y largo) de los títulos que ponían en circulación, así como por funciones específicas. La Secretaría de Hacienda debía supervisar a los bancos y se fijaron controles sobre créditos para directivos y consejeros.[58]

La nueva legislación posibilitó la fundación de muchos bancos, en especial de emisión, pues la facultad de crear medios de pago ampliaba sus recursos en un contexto donde el ahorro público aún no era común. A su vez, a la proliferación de entidades de crédito le acompañó una disminución de las tasas de interés, beneficiando a los deudores, pero fundamentalmente al gobierno. Los bancos de emisión otorgaban créditos preferentes al comercio y tenían la facultad de emitir billetes. Los refaccionarios daban préstamos principalmente a la industria y operaban con bonos de caja que colocaban entre sus clientes. Los hipotecarios conseguían recursos mediante bonos hipotecarios.[59]

En 1904 fue creada la Inspección General de Instituciones de Crédito y Compañías de Seguros, instancia con amplio poder de vigilancia y dependiente de la Secretaría de Hacienda, cuyas atribuciones incluso se extendieron en 1905 al control del cumplimiento de leyes y disposiciones mercantiles.[60]

---

[57] *Ibidem.*
[58] *Ibidem.*
[59] *Ibidem.*
[60] *Ibidem.*

No obstante el avance logrado con la legislación, de hecho perduraron falencias. A propósito de la Ley General de Instituciones de Crédito de 1897, Bátiz observa: "Sin embargo, esta ley, en la que se invirtió bastante tiempo y amplios estudios de los más ameritados especialistas, quienes consultaron experiencias europeas y norteamericanas, no dio el resultado que de ellas se esperaba, porque todavía respetó muchos privilegios y agregó otros, y además porque *en la práctica no fue generalmente respetada*" (las cursivas son nuestras).[61]

Diez años después del establecimiento de la ley, al producirse la gran crisis mundial y nacional de 1907 que afectó a gran parte de la actividad económica, quedaron a la vista los manejos abusivos de los fondos de beneficio de especuladores comerciantes y terratenientes que recibían préstamos sin la debida garantía; tampoco se habían respetado los montos mínimos de que las instituciones debían disponer en capital y reserva metálica. Sobrevinieron medidas y reformas complementarias de la multicitada ley, pero la Revolución mexicana no posibilitaría conocer sus efectos hipotéticos.[62]

A todo esto, la actividad agrícola experimentaba transformaciones en algunas regiones, acentuándose una tendencia más vigorosa en los niveles de diversificación y mercantilización de la producción. Paralelamente abundaban aún los establecimientos de cuño tradicional que no participaban de esa suerte de actitud empresarial, lo cual ha motivado interpretaciones contrapuestas por parte de diversos autores. De lo que no se duda es de que el sector no contaba con el apoyo de una organización crediticia como existía en otros países más adelantados. No se había creado un mecanismo que sustituyera y

---

[61] *Ibidem.*
[62] *Ibidem.*

superara a la institución de tiempos coloniales, los pósitos, que auxiliaban a los productores y que habían desaparecido tras la Independencia.[63] La crisis de 1907 endureció los mercados internacionales con la consiguiente caída de precios de los productos exportables más importantes, combinándose entre sí la gravedad de los problemas que presentaban diversos sectores económicos del país, entre ellos los que afligían a la organización bancaria.[64] Se produjo una crisis monetaria en medio de una caída de las operaciones bursátiles. Las instituciones bancarias elevaron las tasas de interés y redujeron el crédito a niveles mínimos. Los capitales y el numerario escasearon, el salario real se deterioró y los alimentos populares subieron de precio, incidiendo en ello, además, la pérdida de las cosechas de maíz y trigo por la sequía de 1908-1909,[65] en medio de la deflación general y la disminución de la actividad económica. Entre la caída de las actividades de exportación destacaron el henequén y la minería, e internamente se contrajo la producción de textiles de algodón en más de 25% (de 1906 a 1909) y la fuerza de trabajo de esta industria cayó de 35 811 trabajadores en 1907 a 31 963 en 1909. Las exportaciones en conjunto se redujeron de 27.1 millones de libras esterlinas a 23.5 (entre 1905 y 1908) y las importaciones sufrieron una merma de 34% entre 1906 y 1908.[66]

La prohibición en 1908 a los bancos de emisión de otorgar préstamos a largo plazo repercutió entre los propietarios agrícolas, junto con la pérdida de cosechas de maíz, trigo y algodón (1908). La banca atemorizada retiró de circulación la

---

[63] Abdiel Oñate, "Banca y agricultura en México: la crisis de 1907-1908 y la fundación del primer banco agrícola", en Leonor Ludlow y Carlos Marichal, *op. cit.*
[64] Moisés González Navarro, "Cinco crisis mexicanas", *Jornadas*, núm. 99, El Colegio de México, México, 1983.
[65] *Ibidem*.
[66] Abdiel Oñate, *op. cit.*

suma de 8.5 millones de pesos. Una parte del circulante de los bancos estaba invertida en ferrocarriles y obras públicas, completando un conjunto de factores que impedían el acceso a más capitales por parte de los propietarios agrícolas, quienes no podían afrontar sus obligaciones bancarias.[67]

Además de ponerse en evidencia la falta de liquidez, entre las deficiencias que con motivo de la crisis puso de manifiesto el sistema bancario se encontraba la obligación (por ley de 1897), no cumplida por los bancos de emisión de otorgar préstamos a plazos no mayores de seis meses —tiempo promedio de vida de los billetes circulantes—, para garantizar que los billetes pudieran ser canjeados por metálico, asegurando así mayor liquidez a la institución. Otras falencias fueron la ausencia frecuente de garantía suficiente en los préstamos o, aunque existiera, se enfrentó la imposibilidad de realizar su valor si era preciso, la no contemplación de la exigencia de mantener mínimos en el capital y en la reserva metálica, etcétera. Era común destinar capitales a operaciones de recuperación lenta en préstamos a grandes propietarios, que solían renovarse de manera indefinida.[68]

Con las reformas mencionadas de la Ley General de Instituciones de Crédito se buscaba también distinguir mejor entre las funciones de los bancos refaccionarios e hipotecarios, para que pudieran contribuir a la actividad agrícola y disminuir la cantidad de bancos de emisión, facilitando que éstos se convirtieran en refaccionarios. El capital mínimo de los bancos se elevó a un millón de pesos y se limitó y trató de controlar el préstamo "a sus propios Consejeros y Directores" (el autopréstamo).[69]

---

[67] Moisés González Navarro, "Cinco crisis mexicanas", *op. cit.*
[68] Abdiel Oñate, *op. cit.*; José Antonio Bátiz, "Trayectoria de la banca en México hasta 1910", *op. cit.*
[69] *Ibidem.*

Con la intención de ayudar al salvataje de los bancos y a la vez facilitar créditos para actividades agrícolas y de riego, se organizó —mediante una concesión a los cuatro principales bancos—[70] la Caja de Préstamos para Obras de Irrigación y Fomento de la Agricultura, S.A. (1908) con un capital inicial de 10 millones de pesos y con financiamiento de las instituciones crediticias que la formaron, en tanto que el gobierno garantizó la emisión de bonos que estos bancos colocarían en el exterior. La Caja de Préstamos colocó en el extranjero bonos por 25 millones de dólares, amortizables en 35 años, encomendándose la operación a Casa Speyer y Co., de Nueva York, la cual ofreció los bonos en Nueva York, Frankfurt, Amsterdam y Londres. Los recursos, que alcanzaron 50 millones de pesos, se orientarían fundamentalmente a la asignación de créditos a empresas agropecuarias.[71]

Se intentaba transferir recursos externos a los bancos de emisión, apremiados por el público que requería la conversión de sus billetes. La intervención del gobierno se orientó a convertir los pagarés de los hacendados en documentos a largo plazo en favor de la Caja y de paso sanear las finanzas de los bancos de emisión, transfiriéndoles capitales líquidos provenientes del exterior y garantizados por el gobierno.

La Caja, que no estaba en condiciones de controlar el uso que se hacía de los créditos, financió las obligaciones de los hacendados y las grandes empresas agrícolas o fraccionadoras que llevarían a cabo las obras de riego para —supuestamente— vender terrenos a colonos individuales. Por otra parte, sólo podrían obtener fondos de la Caja empresas a las que la Secretaría de Fomento otorgara concesión para realizar obras

---

[70] Banco Nacional de México, de Londres y México, Central Mexicano y Mexicano de Comercio e Industria.
[71] Abdiel Oñate, *op. cit.*

hidráulicas. De hecho quienes se verían beneficiados —dadas las condiciones señaladas— serían unos pocos grandes hacendados con capacidad e influencias suficientes, para encarar los proyectos de irrigación y modernización agrícola.[72]

Solamente en 1909 la Caja concedió préstamos y créditos con garantía bancaria y prendaria por un total de 30 164 182 pesos, lo cual significaba 40% de los recursos.

Según Moisés González Navarro, hacia 1910 la mayor parte de los recursos crediticios otorgados por la Caja (32 millones de un total de 53) fueron a parar a manos de 12 personas.[73]

La Caja iba cumpliendo con sus obligaciones de pagos externos, pero su actividad fue decreciendo, afectada también por la caída de Porfirio Díaz. Para 1913 había dejado de ser autosuficiente en sus pagos al exterior.

Aunque Madero compró casi todas las acciones de la Caja, no modificó la concentración de los créditos. Hacia 1912, sobre un total de 47 296 700 pesos distribuidos en 90 créditos hipotecarios, más de la mitad del monto (25 millones) habían sido otorgados a ocho beneficiarios (8.9%), entre los cuales cinco (5.5%) acapararon 20.3 millones, o sea, 43% del total prestado, lo cual supone un promedio mayor de cuatro millones para cada uno. En el extremo opuesto de los 90 privilegiados, 12 recibieron sumas en promedio de 13 600 pesos. Las cifras más importantes se presume fueron a parar a manos de grandes hacendados propietarios de miles de hectáreas cada uno.[74] Entre los estados comprendidos destacaron Michoacán, Guanajuato, Jalisco, Puebla y México. Los propietarios utilizaron la mayor parte de los préstamos para cubrir deudas anteriores. En 1912 62.9% se había orientado en ese sentido y sólo 37.1%

---

[72] *Ibidem.*
[73] Moisés González Navarro, "Cinco crisis mexicanas", *op. cit.*
[74] Abdiel Oñate, *op. cit.*

a la realización de mejoras, en este orden: obras hidráulicas, maquinaria, semovientes, equipos de transporte y otros.[75]

La política crediticia de la Caja influyó muy poco el desarrollo agrícola y marginó a pequeños y medianos propietarios, dejando en cambio al Estado nacional obligaciones por 70 millones de pesos y sólo la mitad en activos al procederse a la liquidación de la entidad. Un pequeño grupo terrateniente y los bancos de emisión, que pudieron normalizar en parte sus finanzas, fueron los que más se beneficiaron con la política emprendida por la Caja (privada) auspiciada por el gobierno.[76]

La transgresión de los límites y normas impuestos por la ley por instituciones bancarias y entidades semejantes, el autopréstamo y el favoritismo crediticio usufructuado por influyentes y allegados, el salvataje bancario con el consiguiente perjuicio para el Estado (y la sociedad) no fueron hechos aislados de la historia económica del país, pues en diversas partes y en distintos tiempos tuvieron lugar situaciones parecidas, como revela la historia latinoamericana actual.

Las inversiones extranjeras han sido estimadas para 1911 en 3 500 millones de pesos. Los Estados Unidos era el más grande inversionista, con 1 292.4 millones (38%), seguido de Gran Bretaña, con 989.5 millones (29.1%) y Francia, con 908.7 millones (26.7%), totalizando 93.8%. Del 6.2% restante Alemania contaba con 65.7 millones (1.9%) y otros países sumaban 144.6 millones (4.3%).

Un tercio de la inversión total correspondía a ferrocarriles, 1 130.5 millones de pesos, de los cuales casi 534.7 millones, provenía de firmas estadunidenses, y más de un tercio de británicas. En segundo orden de importancia figuraban las inversiones en la explotación minero-metalúrgica (casi una cuar-

---

[75] *Ibidem.*
[76] *Ibidem.*

ta parte), 817.2 millones, donde personas y firmas estadunidenses poseían más de 60% mientras que las francesas disponían de 22%. En tercer lugar, la deuda pública sumaba 498 millones de pesos, casi 15%, de los cuales dos terceras partes, 328.1 millones, eran de Francia. Un cuarto puesto lo ocupaban los servicios públicos de telégrafos, teléfonos, agua, electricidad, que constituían 7%, 237.7 millones, que en 90% pertenecían a británicos. Las inversiones en actividades agropecuarias y forestales, 194.4 millones (5.7%), estaban repartidas principalmente entre Gran Bretaña (46.4%) y los Estados Unidos (41.8%); en la banca no llegaban a 5%, 165.9 millones, de los cuales los franceses poseían 60.3% y los estadunidenses 20.7%; en la industria de la transformación alcanzaban 130.6 millones (3.85%), de los que algo más de la mitad era de franceses, aproximadamente una quinta parte de alemanes y poco más de una sexta parte de estadunidenses. En el comercio 122.7 millones, 3.6%, los franceses tenían colocado 65.6% de las inversiones extranjeras y en la exportación petrolera 104 millones, 3%, Gran Bretaña absorbía 54.8%, los Estados Unidos 38.5% y Francia 6.7%.[77]

Es llamativo que los Estados Unidos, el mayor inversionista extranjero, colocó 80% del capital en ferrocarriles y explotación minero-metalúrgica; Gran Bretaña privilegió con casi tres cuartas partes de sus inversiones a los ferrocarriles, servicios públicos y explotación minero-metalúrgica, en ese orden; Francia destinó sus capitales en más de 57% a la deuda pública, bancos, y al comercio, actividades de fuertes rasgos especulativos. Los Estados Unidos y, en segundo lugar, Gran

---

[77] Fernando Rosenzweig, *op. cit.*, *Estadísticas económicas del porfiriato: comercio exterior de México, 1877-1911*, El Colegio de México, México, 1960; Luis Nicolau, "Las inversiones extranjeras", en Daniel Cosío Villegas, *Historia moderna de México. El porfiriato. Vida económica*, El Colegio de México/Hermes, México, 1974.

Bretaña, a la par de ser los dos países con mayor inversión de capital fueron también, en el mismo orden, los dos mercados externos que predominaron durante el periodo.

Antes se ha explicitado la diferencia entre capital de extranjeros radicados (acumulado en el país y que de hecho se mexicanizaba a través de la descendencia mexicana) y capital extranjero proveniente de firmas matrices del exterior —comúnmente sociedades por acciones— que establecían sucursales o agencias en México y otros países, o que de diversos modos se asociaban para operar en el país, como sucedió durante el tiempo en que el capital extranjero constituía la mayor parte de las inversiones en ferrocarriles. Sin duda los capitales ingresados al país como inversiones en los distintos rubros económicos fueron de grandes proporciones, pero es necesario conceptualizar un detalle: una parte no precisada —si bien de relevancia mucho menor— no provenía del proceso externo de exportación de capitales (en sentido amplio), sino que pertenecía a extranjeros radicados que previamente los habían acumulado en el país a través de diversificadas actividades que a menudo incluían el comercio. Era el caso de extranjeros residentes que operaban de manera individual o asociados con empresarios nacionales y eventualmente con capitales foráneos, como acontecía en diversos estados del país, y que integraban los respectivos grupos regionales de la burguesía en formación. (Véanse gráficas 5, 6 y 7).

El comercio mexicano experimentó una gran transformación durante el periodo 1877-1910. Las necesidades del mercado externo determinadas por las principales potencias, en primer lugar los Estados Unidos, Gran Bretaña, y Francia en lo que hace a México, y los procesos referidos (inversiones extranjeras, tecnificación, modernización de transportes, mayor flexibilidad financiera) propiciaron el incremento de la producción, espe-

## Gráfica 5

### Exportaciones en 1900 (*pesos*)

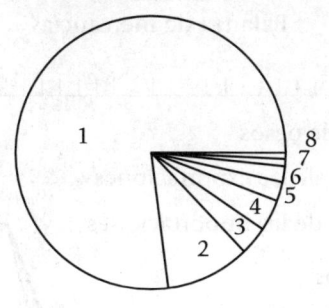

| | |
|---|---|
| 1. Estados Unidos | 123 825 028 |
| 2. Inglaterra | 16 585 168 |
| 3. Alemania | 5 821 622 |
| 4. Cuba | 4 992 057 |
| 5. Francia | 4 031 121 |
| 6. Bélgica | 3 285 778 |
| 7. España | 1 056 779 |
| 8. Otras naciones | 959 523 |
| Escala 1° = 445 992 pesos | Total 160 557 076 |

### Importaciones en 1900 (*pesos*)

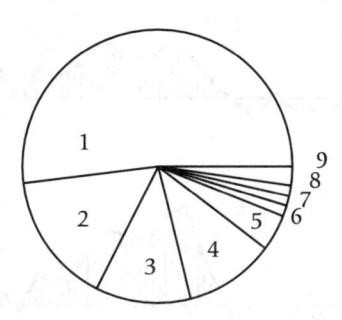

| | |
|---|---|
| 1. Estados Unidos | 33 880 180 |
| 2. Inglaterra | 10 766 074 |
| 3. Alemania | 7 249 506 |
| 4. Francia | 6 955 967 |
| 5. España | 2 887 145 |
| 6. Bélgica | 902 370 |
| 7. Italia | 575 528 |
| 8. Austria | 448 997 |
| 9. Otras naciones | 1 746 960 |
| Escala 1° = 181 702 pesos | Total 65 412 727 |

Fuente: Antonio Peñafiel, *Anuario estadístico de la república mexicana*, México, 1900.

Gráfica 6
Balanza de mercancías

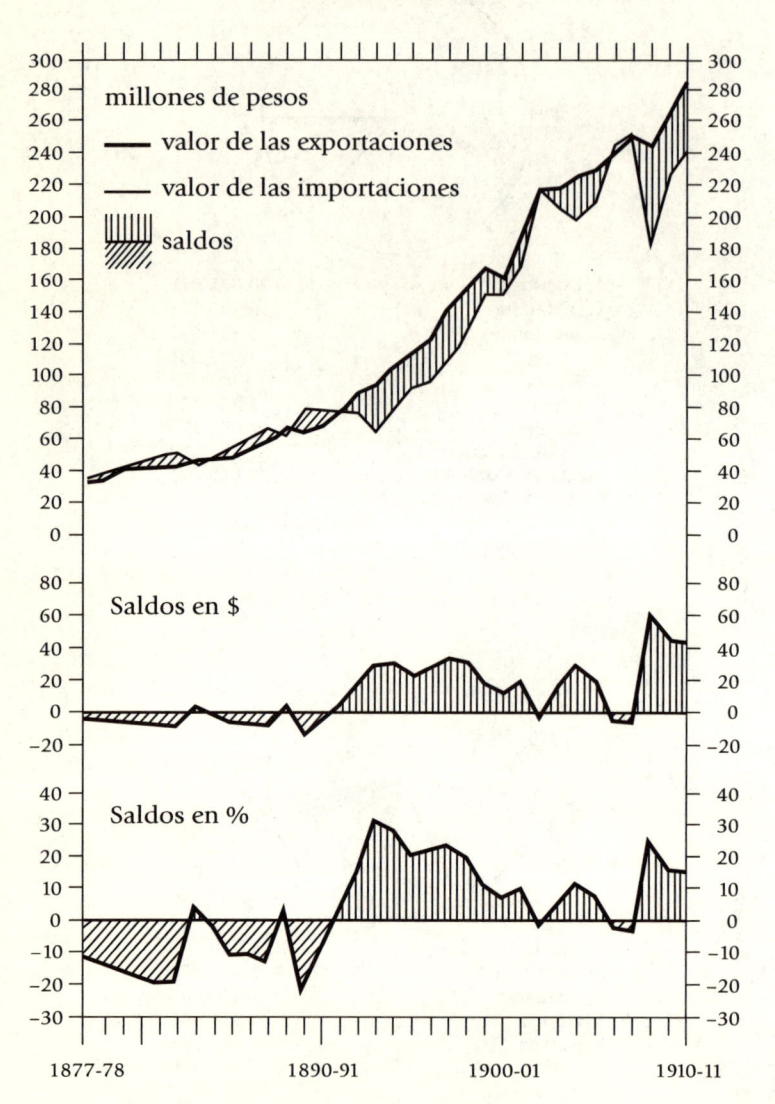

nota: Los datos son en millones de pesos a precios corrientes.

## Gráfica 7
## Balanza de mercancías

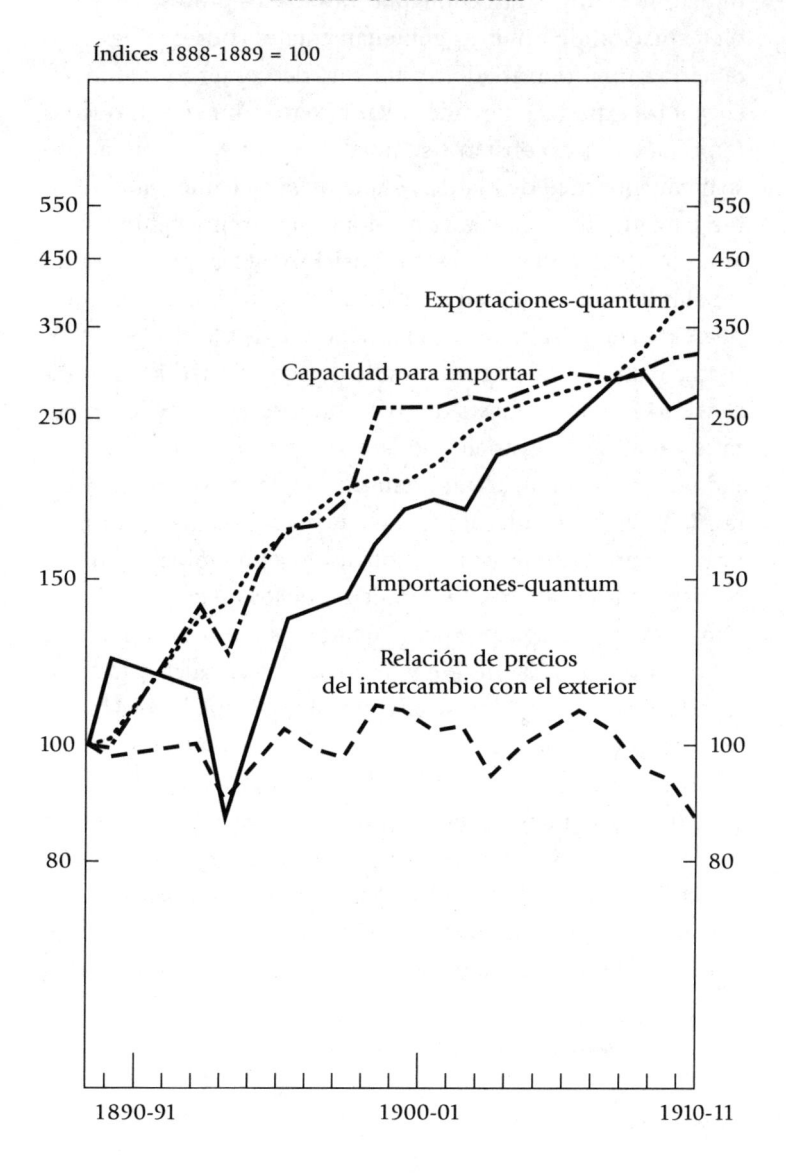

Índices 1888-1889 = 100

cialmente la destinada al mercado exterior y en particular la minero-metalúrgica. La configuración de esos procesos y la implementación de políticas gubernamentales consecuentes condujeron a un pronunciado crecimiento del comercio exterior en el cual las exportaciones adquirieron mayor dimensión que las importaciones, no obstante su notable incremento, con la consiguiente novedad de mantener una balanza comercial favorable para el país. A la vez se produjo un cambio significativo, aunque no absoluto, en la composición de las exportaciones y de las importaciones en relación a como habían estado compuestas en el pasado. Si bien la producción de metales preciosos (oro y plata) creció cuantitativamente pero vio reducir su proporción en cuanto al resto de las exportaciones donde los minerales y metales industriales no ferrosos, principalmente cobre y plomo, tenían un lugar importante, a lo que se agregaban, a distancia, el zinc y el antimonio. El henequén llegó a constituir el principal producto de exportación de origen no mineral e incluso disputó los primeros puestos detrás de los metales preciosos. Otros productos agropecuarios relevantes fueron las maderas —preciosas, de construcción y tintóreas— y el caucho, los cuales con el henequén y los metales no ferrosos eran bienes que al final del porfiriato representaban 40% de la exportación, mientras bienes de consumo como café, ganado, garbanzo, vainilla, y circunstancialmente azúcar, alcanzaban casi 10%. También a finales del periodo comenzó a exportarse petróleo. No obstante la pérdida relativa de significación de los metales preciosos en el contexto de las exportaciones, aún sobrepasaban ligeramente la mitad de las ventas al mercado externo.[78] Ciertamente, ya no

---

[78] Fernando Rosenzweig, "Las exportaciones mexicanas de 1877 a 1911", en *Historia Mexicana*, núm. 35, El Colegio de México, México, enero-marzo de 1960; Inés Herrera, "La circulación (comercio y transporte en México entre los años 1880-1910)", en Ciro Cardoso (coord.), *op. cit.*

constituían la casi totalidad de las exportaciones, como en las primeras épocas de la Independencia, pero continuaban siendo el porcentaje mayor.

La composición de las importaciones registró también cambios apreciables. Los textiles ya no tenían el peso relativo del periodo anterior dados los avances de la industria textil del país (estampados; mayor cantidad y diversidad), aunque no fue posible acceder a otros niveles de categoría y tipos de vestimenta y telas, por lo cual el rubro textil por sí solo figuró en los primeros puestos entre todos los artículos adquiridos en el exterior.

Máquinas, aparatos, motores, instrumentos, equipos, ferretería, productos químicos y otros reclamados ahora por modernizados establecimientos industriales, mineros, agropecuarios; ferrocarriles y otros servicios; y por la construcción pública y privada —estimadas por el crecimiento urbano y el mayor desarrollo de las distintas actividades mencionadas— llegaron a representar, junto con las materias primas necesarias, 57% de las importaciones al final del porfiriato. Ese fenómeno sin precedentes en la composición de las importaciones era reflejo de las transformaciones. Se evidenciaba, sin embargo, que tanto los medios de producción avanzados y de cierta complejidad como los muchos bienes intermedios y aun determinadas materias primas no podían ser provistos por el aparato productivo del país, o en algunos casos no se alcanzaba a cubrir la calidad o la cantidad requeridas. Otro tanto acontecía con bienes de consumo suntuarios o de cierta jerarquía como vajillas de cristal, vidrio y loza; vehículos, armas, bebidas y otros que sumaban 35% de las importaciones, que para la misma fecha ascendían 43% junto con bienes de consumo de primera necesidad (8%) —maíz, trigo y alimentos varios—, siendo éstos los únicos cuyo porcentaje en la importación crecieron relativamente debido a la incapacidad del agro (rezago técnico) para satisfacer la demanda interna, problema que se agravaba en las situaciones de crisis agrícolas.[79]

Durante el porfiriato los Estados Unidos coparon el comercio exterior de México, desplazando a Europa del protagonismo que había ejercido en el periodo anterior. Si en los inicios del periodo 40% del intercambio se hacía con la nación del norte, para finales este país cubría 75%. Los requerimientos de la expansión económica estadunidense, el predominio en las inversiones, en especial las minero-metalúrgicas y ferroviarias, y la condición del país fronterizo comunicado además por diferentes líneas de ferrocarril coadyuvaron a que el comercio de Gran Bretaña y Francia con México viera drásticamente reducida su participación en el conjunto de las exportaciones e importaciones.

La orientación predominante del comercio exterior hacia y desde los Estados Unidos —y en distinta manera el intercambio con Europa— afectó el tráfico mercantil, incrementando la actividad aduanera en distintas partes del país y notablemente en la región norte, así como en Tampico y en menor medida en otros puertos, aunque el de Veracruz continuó ocupando un lugar de privilegio, si bien escoltado por otros protagonistas.

Sobre el comercio interior, en principio pueden señalarse diversos factores favorables para su desarrollo durante los últimos tiempos del porfiriato: el incremento del aparato productivo moderno y de la producción, el ya considerado aumento de la exportación y la importación, y la agilidad de los transportes (ante todo el ferroviario), esto en el marco de la política gubernamental de eliminación de obstáculos a la circulación y venta de mercancías —finalización de las alcabalas,

---

[79] *Ibidem.*

1896—. Pero conviene mediatizar el grado de significación en que estos factores pudieran haber ejercido sobre la actividad mercantil interna. Así, por la misma razón que el mayor incremento del aparato productivo moderno y de la producción tenía como objetivo principal la exportación, y que sus equipos y muchos otros bienes, y aun parte de las materias primas eran traídos del exterior, la participación del comercio interior era poco relevante dentro de esos límites, algo que no acontecía con el mercado externo. En cambio la demanda de insumos nacionales que requerían aquellos mismos modernos establecimientos sí constituían, en su medida, un estímulo para el comercio interior, aunque dicho consumo estuviera ligado parcial o totalmente a la exportación. Con mayor razón los insumos nacionales usados en grado considerable por distintas y modernas unidades productivas de capital extranjero, mixto o nacional pero cuyo producto estaba destinado en su mayor parte al consumo interno (algodón: industria textil; azúcar: industria azucarera; tabaco: industria tabaquera; productos agrícolas varios: agroindustrias, etcétera) tenían un efecto mayor (proporcionalmente) sobre el comercio interno que en el caso de la industria para exportación.

Debido a los condicionamientos internacionales comentados, los transportes ferroviarios de carga en su gran mayoría eran de productos para exportación, entre ellos minerales para procesamiento en plantas del país que luego eran enviados al exterior (también se exportaban minerales en bruto o semielaborados), salvo una porción francamente minoritaria destinada al consumo interno.

Como en otras partes de Latinoamérica, dichos condicionamientos implicaban un trato privilegiado para cargas vinculadas al comercio exterior, en particular a la exportación, las cuales gozaban de tarifas preferenciales, mientras paralelamente diversos productos, entre ellos los de primera necesidad y otros destinados al consumo interno en la práctica eran castigados con tarifas mayores, lo cual obstaculizaba la perspectiva de mayor mercantilización en el orden interno.

En síntesis, en los últimos años del porfiriato los factores que hipotéticamente estimularían al comercio interno —aparato productivo moderno, ferrocarriles— en realidad fomentaron en esencia aquello de mayor interés para el capital extranjero —el comercio exterior— y en medida desproporcionadamente menor tuvo lugar el incremento del comercio interior.

Otros factores que intervinieron en el aumento del comercio interno fueron el crecimiento urbano —en la ciudad de México, Guadalajara, Puebla, Monterrey y otras— y el aumento numérico de sectores medios de la población y de asalariados en general (burocracia civil y militar; profesionales; propietarios y empresarios no agrícolas; empleados en diversas actividades y trabajadores en servicios varios —transportes, comunicaciones, bancos, comercio—; trabajadores mineros y obreros industriales), todos los que según los censos realizados a finales del porfiriato comprendían alrededor de 15% de la población económicamente activa. El restante 85% (aproximado) integrado por "propietarios" y trabajadores rurales, artesanos (y "obreros") y criados domésticos, que incluía sin distinguir a las comunidades indígenas, abarcaba un espectro de vinculaciones imprecisas con formas de intercambio desde las más rudimentarias hasta las más dinámicas. México continuaba siendo un país masivamente agrario con fuertes limitaciones en cuanto a la mercantilización: perduración de comunidades; tendencia al autoabastecimiento en unidades productivas agrarias, más acentuada en las pequeñas; sobrevivencia del peonaje y tiendas de raya; permanencia del trueque; marginación de vastos territorios de la red ferroviaria. Sin embargo, un proceso de mercantilización, a veces capilarmente, venía tendiendo con lentitud sus redes.

Llama la atención que los trabajadores mineros e industriales incluidos en el 15% mencionado representaban menos de 3% de la población económicamente activa, mientras que de entre los comprendidos en el 85% restante los artesanos y "obreros" ascendían a alrededor de 16% y los trabajadores del campo sobrepasaban 50%. Por su parte, la falta de precisión de los censos torna confuso el panorama de quienes se dedicaban al comercio, ya que los "trabajos comerciales" rondaban 0.8%, es decir, más de 40 000 individuos, mientras que los comerciantes eran más de 200 000, lo que oscilaba en alrededor de 4%, o lo que sería lo mismo, aproximadamente cinco comerciantes por cada empleado mercantil. Al parecer los propietarios de los grandes comercios La Francia Marítima, El Puerto de Veracruz, El Palacio de Hierro, Las Fábricas de Francia y de otros similares se computaban junto con mercantes de diversos niveles, incluyendo una masa de pequeños vendedores, entre ellos ambulantes al menudeo que con frecuencia recorrían a pie las poblaciones.

También para los últimos años del periodo aparecieron algunas formas de comercialización no tradicionales, por ejemplo, los grandes productores de azúcar de Morelos en pugna con los comerciantes que querían controlar su venta constituyeron una organización que terminó por imponerse y la comercialización del producto quedó en manos de los propios azucareros; en Sinaloa las empresas azucareras extranjeras y nacionales más poderosas formaron un "sindicato", unificando las ventas de azúcar y alcohol bajo una sola dirección central que establecía la uniformidad de precio y calidad, distribución y medios de transporte (ferrocarril, navíos) que debían usarse, según la ubicación de los clientes y de la unidad productiva más próxima a ellos, logrando dominar el mercado regional; en México se constituyó la Compañía Expendedora de Pulque, S.A. que organizó el abasto de esta bebida con precisión de horarios (por ferrocarril) para los distintos establecimientos pulqueros, concentrándola a su arribo a la ciudad de México y distribuyéndola por medio de casillas expendedoras con las instalaciones del caso, incluyendo orinales para la clientela sedienta.

La comercialización interna de productos nacionales creció pero aún persistía la estrechez de los mercados en distintas áreas de la república de manera más acentuada en la región central y en particular en la del sur. Existían articulaciones económicas entre algunas zonas y otras con el consiguiente tráfico de mercancías debido al aprovisionamiento de insumos, víveres, artículos de consumo varios, etcétera, o bien porque unas operaban como centros distribuidores de otras. Ya implícitamente se ha aludido a estas vinculaciones al mencionar los insumos minerales, productos agrícolas y otros con los diferentes servicios, industrial, ciudades en expansión, etcétera. Sin embargo, es riesgoso afirmar que para esa época se había constituido un mercado nacional integrado. Más bien puede hablarse de la consolidación de mercados regionales con articulaciones extrarregionales, tanto en lo que se refiere a otros mercados nacionales como extranjeros, principalmente el de los Estados Unidos desde donde las producciones mineras, industriales y otras —según se ha señalado— se abastecían de maquinaria y bienes de producción varios y ciertas materias primas, y hacia donde muchas destinaban todo o parte de los bienes generados. Es decir, el condicionamiento externo al que se ha hecho referencia, además de subordinar la producción más avanzada en función de la exportación de los bienes requeridos por las potencias industrializadas relegaba a un segundo plano la producción para el consumo interno y, consecuentemente, la marcha del "progreso" porfiriano llevaba un ritmo de mayor envergadura que la del proceso formativo del mercado interno nacional. Algo parecido sucedía con los reducidos grupos de burgueses capitalistas regionales vinculados a las diversas actividades económicas. Durante el periodo estos grupos aún se estaban conformando regionalmente, y aunque hubiera vinculaciones suprarregionales e internacionales, todavía no existía una clase burguesa capitalista —concepto que implica una connotación cuantitativa— a nivel nacional sino pequeños grupos en diversos espacios. Estas áreas geográficas no integraban un mercado nacional, aunque para finales del periodo existieran elementos en el proceso formativo que apuntaban en ese sentido, lo cual permite hablar de conformación o gestación de la burguesía capitalista, sin suponer con esto que dicho desarrollo estuviera dado plenamente.

# Conclusiones

Una reflexión que puede formularse al observar el desenvolvimiento del proceso histórico entre 1821 y 1910 es la existencia de fuertes condicionamientos de diversa magnitud tanto de carácter estructural como de circunstancias históricas presentes en distintos momentos de ese periodo.

Cuando por los problemas de España las circunstancias se tornaron propicias para las revoluciones de independencia hispanoamericanas, las condiciones internas estaban sometidas a la inestabilidad política, la precariedad económica y la fragilidad institucional, estando pendiente, entre otras cosas, la construcción del Estado. En estas situaciones se incorporaron los nuevos países a la vida internacional, cuando las condiciones externas estaban en gran medida bajo el control de la primera potencia mundial, la poderosa Gran Bretaña, única protagonista de la Revolución industrial desde hacía media centuria. Para el caso particular mexicano, además, se cernía la voracidad territorial de su vecino del norte, los Estados Unidos, que con la ventaja de casi medio siglo de independencia y en plena expansión no tardaría en despojar a México de más de la mitad de su territorio y con ello cuantiosos recursos naturales. Le seguirían las diversas intervenciones extranjeras que hallarían su máxima expresión en el establecimiento del imperio de Maximiliano.

Entrado ya el porfiriato el condicionamiento externo —con asentimiento inducido o presionado desde el interior— orientó la economía y las comunicaciones del país según sus propios requerimientos con criterios de rentabilidad y recursos de capitales foráneos directa o indirectamente vinculados a intereses externos, mientras sucedía otro tanto en diversos países latinoamericanos de igual manera compelidos al encuadre internacional.

La estructura de la sociedad estuvo muy marcada por sus raíces prehispánicas y por el pasado colonial trisecular. Era una sociedad con grandes y conflictivas diferencias étnicas, masivamente agrícola, de estrecha mercantilización y pobre nivel técnico, escasa de capital y por lo mismo castigada por la especulación y con heterogéneas maneras de producir. Ligadas a esos modos de producción estaban las comunidades indígenas, la enorme masa de artesanos, las haciendas de relaciones capitalistas o precapitalistas, la industria fabril textil, las explotaciones mineras y otras. Una secuela de esta situación desde la perspectiva del proceso hacia el capitalismo era la dificultad de disolver relaciones sociales de producción no capitalistas preexistentes. En tal sentido la "vacía" región norte oportunamente se hallaría en una situación distinta.

De todos modos y por lo general trascendiendo el periodo perduró la marginación social y económica de gran parte de la población —a la que Francisco Pimentel se refería despectivamente— y con ella persistió la fuerza de trabajo barata que, como antaño, permitía economizar en inversiones de capital fijo, lo cual contribuía al rezago técnico.

A todo esto, se fue incrementando la deuda externa, el Estado apeló al salvataje bancario y la soñada banca agrícola, que había destinado sus créditos a un puñado de hacendados, terminó pasando la factura de los préstamos externos al garante: el Estado. En el futuro la deuda externa se iría haciendo más gravosa.

En otro orden de cosas, el proceso formativo de grupos burgueses capitalistas fue avanzando en diversas regiones del país. A menudo tenían antecedentes en el ejercicio del comercio y la especulación financiera. Muchos se habían desarrollado en torno a la industria fabril textil y diversificaron sus acciones actuando simultánea o alternativamente en la minería, la industria, la banca, la agricultura, entre otras actividades, disminuyendo los márgenes de riesgo. En los establecimientos más modernos y productivos en que esa burguesía invirtió los equipos eran importados y los técnicos, por lo general, extranjeros, ya que no se producían en el país ni tampoco se formaba personal idóneo, con la consiguiente dependencia tecnológica. El surgimiento, desarrollo y perduración de la industria fabril textil de carácter capitalista, al igual que las unidades productivas de distintos rectores económicos con relaciones sociales de producción capitalistas se fue implantando en el seno de una heterogénea estructura económica en la que coexistían diversas maneras o modos de producción. En general la formación de la burguesía capitalista provenía de grupos aclimatados; no arrancó de pequeños productores, prósperos campesinos y artesanos que a lo largo de un proceso de enriquecimiento paulatino más que secular se convertirían en la burguesía capitalista (la vía revolucionaria desde la perspectiva de Dobb para el caso europeo clásico). No tuvo lugar un proceso transformador revulsivo de la sociedad y la economía, ya que se importaron —e impostaron— las maquinarias y los técnicos, mientras la industria artesanal en general no evolucionaba poco a poco hacia la industria fabril sino que perduró sin mayores cambios abarcando en su actividad a un sector muy considerable (y amorfo técnicamente) de la población.

La irrupción del capital extranjero desplazó en general a los empresarios nacionales y extranjeros residentes —con excepciones importantes— de la cúspide de las explotaciones minero-metalúrgicas y textiles, entre otras. Los inversionistas foráneos no producían los equipos necesarios sino que también los introducían del exterior. La carencia de capital para producir medios de producción avanzados, tecnología y personal especializado de alto nivel era un rasgo estructural que también caracterizaba a otros países latinoamericanos. En ese sentido no hubo una decidida política económica de largo plazo por parte del Estado rescatando las condiciones específicas que mirara hacia las necesidades del país y superara la dependencia tecnológica. La práctica económica de la burguesía capitalista en formación obedecía a la conveniencia de que el capital acudiera allí donde más probabilidad y facilidad tuviera de incrementarse. Pero la burguesía no tenía un compromiso histórico más allá de su propia rentabilidad. Y el Estado, ¿podría haberlo asumido exitosamente? La respuesta a este interrogante esencial queda para el futuro.

# Bibliografía

Alamán, Lucas, *Historia de México*, Jus, México, 1942.

_____, *Documentos diversos*, t. II, Jus, México, 1945.

Almada Bay, Ignacio, y Héctor Gerardo Martínez Medina, "La crisis mexicana (dos reseñas sobre Moisés González Navarro: Cinco crisis mexicanas)", en *Historia Mexicana*, núm. 135, El Colegio de México, México, enero-marzo de 1985.

Álvarez, José Rogelio, "Los primeros contactos diplomáticos de México", en *Historia Mexicana*, núm. 9, El Colegio de México, México, julio-agosto de 1953.

Ashworth, W., *Breve historia de la economía internacional (desde 1850)*, PFC, Madrid, 1978.

Barjau Martínez, Luis *et al.*, "Seminario de cambios sociológicos en México en el siglo XIX", en *Estadísticas económicas del siglo XIX*, INAH, Cuadernos de Trabajo núm. 14 del Departamento de Investigaciones Históricas, México, 1976.

Bátiz Vázquez, José Antonio, "El Banco Nacional de México y las finanzas del país", en Bárbara A. Tenenbaum (coord.), *Pasado y presente de la deuda externa de México*, El Día en Libros/Instituto de Investigaciones Históricas Dr. José María Luis Mora, México, 1988.

_____, "Aspectos financieros y monetarios (1821-1880)", en Ciro Cardoso (coord.), *México en el siglo XIX*, Nueva Imagen, México, 1994.

_____ y Enrique Canudas Sandoval, "Aspectos financieros y monetarios (1880-1910)", en Ciro Cardoso (coord.), *México en el siglo XIX, 1821-1910. Historia económica y de la estructura social*, Nueva Imagen, México, 1994.

_____, "Trayectoria de la banca en México hasta 1910", en Leonor Ludlow y Carlos Marichal (coords.), *Banca y poder en México (1800-1929)*, Grijalbo, México, 1986.

Bazant, Jan, "The Division of Some Mexican Haciendas during the Liberal Revolution, 1856-1862", *Journal of Latin American Studies* 3, 1975.

_____, *Historia de la deuda exterior de México (1823-1946)*, El Colegio de México, México, 1968.

_____, *Los bienes de la Iglesia en México (1856-1875)*, El Colegio de México, México, 1971.

Beato, Guillermo, "Los profesionales intermediarios, el Estado y las empresas extranjeras. Un caso durante el porfiriato", en Guillermo Beato *et al.*, *Simposio sobre empresarios en México*, vol. II, Fracciones étnicas de clase, contextualización regional, CISINAH, México, 1979.

_____, "Principales aspectos de la economía, la sociedad y la política en México (1821-1910)", en *El poblamiento de México*, t. III, Conapo, Azabache, México, 1993.

_____, "La casa Martínez del Río: del comercio colonial a la industria fabril (1829-1864)", en Margarita Urías *et al.*, *Formación y desarrollo de la burguesía en México. Siglo XIX*, Siglo XXI Editores, México, 1979.

_____, "La gestación histórica de la burguesía y el Estado en México. 1750-1910", en Armando Alvarado *et al.*, *La participación del Estado en la vida económica y social mexicana, 1767-1910*, INAH, Colección Científica, México, 1993.

_____ *et al.*, "Los grupos sociales dominantes en Córdoba", en Guillermo Beato (coord.), *Grupos sociales dominantes. México y Argen-*

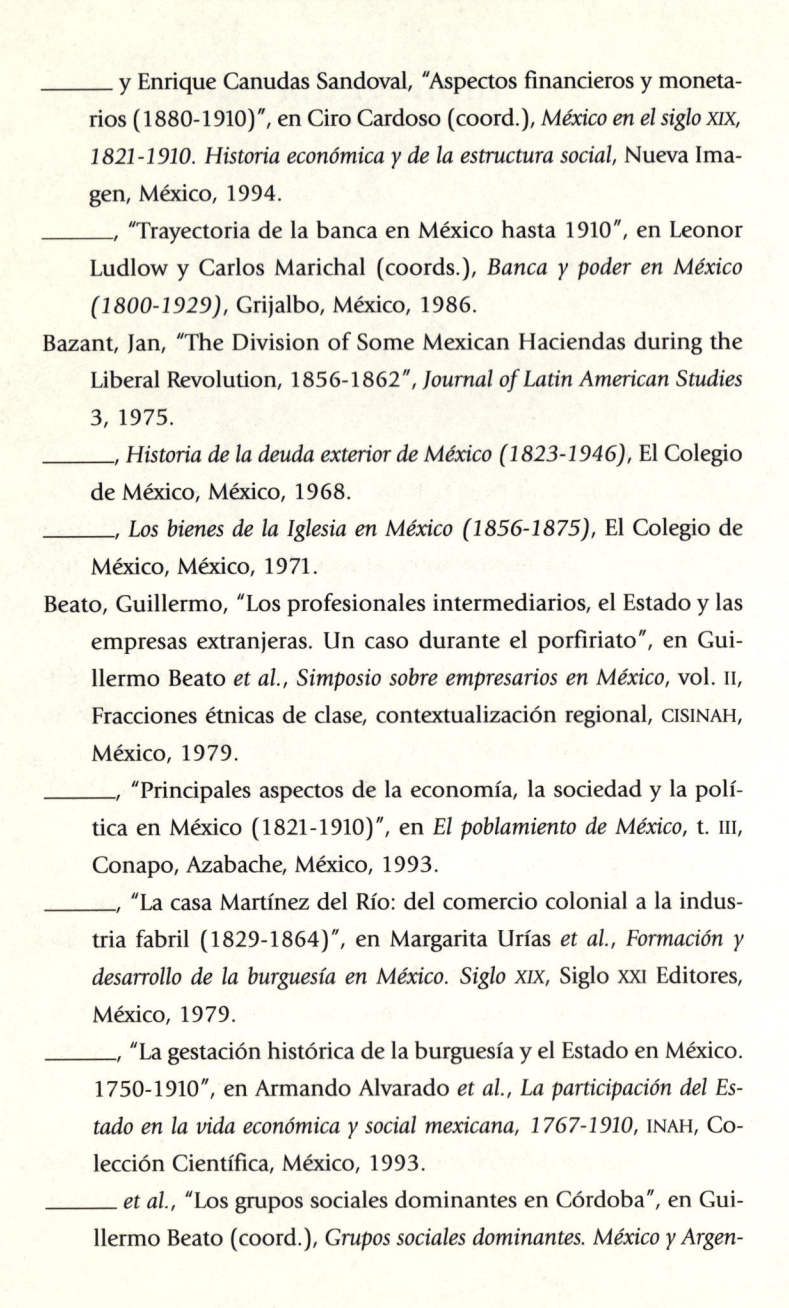

*tina (siglos XIX y XX)*, Dirección General de Publicaciones de la Universidad Nacional de Córdoba, Córdoba, 1993.

_____, y Domenico Síndico, "Formas de comercialización de mercancías de la hacienda azucarera", en Mario Cerutti *et al.*, *Los lugares y los tiempos*, Nuestro Tiempo, México, 1989.

_____, "La nueva estructura comercial", en *Historia general de América Latina*, vol. VI, UNESCO (en prensa).

Boucher, Phillip P., "El crédito agrícola en México", en *Historia Mexicana*, núm. 95, El Colegio de México, México, enero-marzo de 1975.

Brading, David A., "La estructura de la producción agrícola en el Bajío de 1700 a 1850", en *Historia Mexicana*, núm. 90, El Colegio de México, México, octubre-diciembre de 1973.

Calderón, Francisco, "El pensamiento económico de Lucas Alamán", en *Historia Mexicana*, núm. 135, El Colegio de México, México, enero-marzo de 1985.

_____, "Los ferrocarriles", en Daniel Cosío Villegas (coord.), *Historia moderna de México*, Hermes, México, 1974.

Cardoso, Ciro, y Carmen Reyna, "Las industrias de transformación (1880-1910)", en Ciro Cardoso (coord.), *México en el siglo XIX, 1821-1910. Historia económica y de la estructura social*, Nueva Imagen, México, 1994.

Carmagnani, Marcello, *Economía y sociedad en América Latina 1850-1930*, Editorial Crítica, Barcelona, 1984.

Cerutti, Mario, "Contribuciones recientes y relevancia de la investigación regional sobre la segunda parte del siglo XIX", en Mario Cerutti *et al.*, *Los lugares y los tiempos*, Nuestro Tiempo, México, 1989.

Cervantes Bello, Francisco Javier, "Los militares, la política fiscal y los ingresos de la Iglesia en Puebla, 1821-1847", en *Historia Mexicana*, El Colegio de México, México, abril-junio de 1990.

Coatsworth, John, *Los orígenes del atraso*, Alianza, México, 1990.

_____, *El impacto económico de los ferrocarriles en el porfiriato*, 2 vols., SepSetentas, México, 1976.

_____, "Anotaciones sobre la producción de alimentos durante el porfiriato", en *Historia Mexicana*, núm. 102, El Colegio de México, México, octubre-diciembre de 1976.

_____, "Características generales de la economía mexicana en el siglo XIX", en Enrique Florescano, *Ensayos sobre el desarrollo económico de México y América Latina (1500-1975)*, FCE, México, 1979.

Crespo, Horacio (coord.), *Morelos, cinco siglos de historia regional*, Centro de Estudios Históricos del Agrarismo en México, UAEM, México, 1985.

Delgado, Gloria, *Historia de México, formación del Estado moderno*, Alhambra Mexicana, México, 1991.

Dobb, Maurice, *Estudios sobre el desarrollo del capitalismo*, 5a. ed., Apéndice, pp. 465 ss., Siglo XXI Editores, México, 1971.

Dougherty, John E., "México, manzana de discordia entre Gran Bretaña y Estados Unidos", en *Historia Mexicana*, núm. 174, El Colegio de México, México, octubre-diciembre de 1969.

*Estadísticas históricas de México*, 2 t., INEGI, México, 1990.

Flores Caballero, Romeo, "Del libre cambio al proteccionismo", en *Historia Mexicana*, núm. 176, El Colegio de México, México, abril-julio de 1990.

Fraser, Donald J., "La política de desamortización en las comunidades indígenas, 1856-1872", en *Historia Mexicana*, núm. 184, El Colegio de México, México, abril-junio de 1972.

Gamboa Ojeda, Leticia, "Mercado de fuerza de trabajo e industria textil. El centro oriente de México durante el porfiriato", en *Siglo XIX. Cuadernos de Historia*, núm. 1, Instituto de Investigaciones Históricas Dr. José María Luis Mora, México, octubre de 1991.

García Díaz, Bernardo, *Textiles del valle de Orizaba (1880-1925)*, Universidad Veracruzana/Centro de Investigaciones Históricas Dr. José María Luis Mora, México, 1990.

Gil, Roberto, "Minería y sociedad en el Noroeste", en *Siglo XIX. Cuadernos de Historia*, núm. 1, Instituto de Investigaciones Históricas Dr. José María Luis Mora, México, octubre de 1991.

González Navarro, Moisés, *Las huelgas textiles en el porfiriato*, Editorial José María Cajica, México, 1969.

_____, "Cinco crisis mexicanas", *Jornadas*, núm. 99, El Colegio de México, México, 1983.

González, Óscar, "Capitalismo y economía campesina", en Úrsula Oswald, *Mercado y dependencia*, Nueva Imagen, México, 1979.

Gutiérrez Ibarra, Celia, *Como México perdió Texas*, INAH, México, 1987.

Haber, Stephen H., "La industrialización de México: historiografía y análisis", en *Historia Mexicana*, El Colegio de México, México, enero-marzo de 1993.

Hale, Charles A., "Alamán, Antuñano y la continuidad del liberalismo", en *Historia Mexicana*, núm. 42, El Colegio de México, México, julio de 1961-junio de 1962.

_____, *El liberalismo mexicano en la época de Luis Mora*, Siglo XXI Editores, México, 1991.

_____, *La transformación del liberalismo en México a fines del siglo XIX*, Vuelta, México, 1991.

Herrera Canales, Inés, *El comercio exterior de México, 1821-1875*, El Colegio de México, México, 1977.

_____, "La circulación (comercio y transporte en México entre los años 1880-1910)", en Ciro Cardoso (coord.), *México en el siglo XIX, 1821-1910. Historia económica y de la estructura social*, Nueva Imagen, México, 1994.

Hilton, Rodney, (ed.), *La transición del feudalismo al capitalismo*, Editorial Crítica, Barcelona, 1977.

Hobsbawm, Eric, *Industria e Imperio*, Ariel, Barcelona, 1977.

Knowlton, Robert J., *Los bienes del clero y la Reforma mexicana (1856-1910)*, FCE, México, 1985.

_____, "La división de las tierras de los pueblos durante el siglo XIX: El caso de Michoacán", en *Historia Mexicana*, El Colegio de México, México, 1990.

Loreto Pérez, Rosalba y Francisco Javier Cervantes, "Los conventos y la clase propietaria", en Mario Cerutti *et al.*, *Los lugares y los tiempos. Ensayos sobre las estructuras regionales del siglo XIX en México*, Nuestro Tiempo, México, 1989.

Ludlow, Leonor, "La construcción de un banco: el Banco Nacional de México (1821-1884)", en Leonor Ludlow y Carlos Marichal, *Banca y poder en México (1800-1929)*, Grijalbo, México, 1986.

_____, "El Banco Nacional Mexicano y el Banco Mercantil Mexicano: radiografía social de sus primeros accionistas", en *Historia Mexicana*, núm. 156, El Colegio de México, México, abril-junio de 1990.

_____ y Carlos Marichal, "Moneda, hacienda y crédito, 1780-1910", en Armando Alvarado, *et al.*, *La participación del Estado en la vida económica y social mexicana, 1767-1910*, INAH, México, 1993.

Mayo, John, "Imperialismo de libre comercio e imperio informal en la costa oeste de México durante la época de Santa Anna", en *Historia Mexicana*, núm. 160, El Colegio de México, México, abril-junio de 1991.

Mentz, Brígida von, "El capital industrial alemán en México", en Brígida von Mentz *et al.*, *Los pioneros del imperialismo alemán en México*, Ediciones de la Casa Chata/CIESAS, México, 1982.

Meyer, Jean, "Haciendas y ranchos, peones y campesinos en el porfiriato. Algunas falacias estadísticas", en *Historia Mexicana*, núm. 137, El Colegio de México, México, enero-marzo de 1986.

Mora, José María Luis, *Obras completas*, SEP/Instituto de Investigaciones Históricas Dr. José María Luis Mora, México, 1986-1987.

Nicolau, Luis, "Las inversiones extranjeras", en Daniel Cosío Villegas (coord.), *Historia moderna de México*, Hermes, México, 1974.

Oñate, Abdiel, "Banca y agricultura en México: la crisis de 1907-1908 y la fundación del primer banco agrícola", en Leonor Ludlow y Carlos Marichal, *Banca y poder en México (1800-1929)*, Grijalbo, México, 1986.

Ortiz Peralta, Rina, "El abasto de la sal para la minería de las Salinas de Tepoxtla, 1849-1900", en *Historia Mexicana*, núm. 161, El Colegio de México, México, julio-septiembre de 1991.

Pimentel, Francisco, *La economía aplicada a la propiedad territorial en México*, Imprenta de Ignacio Cumplido, México, 1866.

Pirenne, Henri, *Historia económica y social de la Edad Media*, 12a. ed., FCE, México, 1974.

Potash, Robert A., "Investigando la historia económica de la República Mexicana temprana. Escritos recientes y adelantos tecnológicos", en *Historia Mexicana*, núm. 137, El Colegio de México, México, julio-septiembre de 1985.

Reina, Leticia, "Modernización y rebelión rural en el siglo XIX", en Armando Alvarado *et al.*, *La participación del Estado en la vida económica y social mexicana, 1767-1910*, INAH, Colección Científica, México, 1993.

Reyes Heroles, Jesús, *El liberalismo mexicano en pocas páginas*, FCE/SEP, México, 1985.

Riguzzi, Paolo, "México, Estados Unidos y Gran Bretaña, 1867-1910: una difícil relación triangular", en *Historia Mexicana*, núm. 163, El Colegio de México, México, enero-marzo de 1992.

Rodríguez, Jaime E. *et al.*, *Pasado y presente de la deuda externa de México*, El Día en Libros/Instituto de Investigaciones Históricas Dr. José María Luis Mora, México, 1988.

Rosenzweig Hernández, Fernando, "Las exportaciones mexicanas de 1877 a 1911", en *Historia Mexicana*, núm. 35, El Colegio de México, México, enero-marzo de 1960.

_____, "El desarrollo económico de México de 1877 a 1911", en *El Trimestre Económico*, vol. XXXII (3), México, julio-septiembre de 1965.

Schoonover, Thomas, "El algodón mexicano y la guerra civil norteamericana", en *Historia Mexicana*, núm. 91, El Colegio de México, México, enero-marzo de 1974.

Sée, Henri, *Los orígenes del capitalismo moderno*, FCE, México, 1972.

Semo, Enrique, "Hacendados, campesinos y rancheros", en *Historia de la cuestión agraria mexicana*, vol. I, El siglo de la hacienda 1800-1900, Siglo XXI Editores/CEHAM, México, 1988.

Silva Herzog, Jesús, *El pensamiento económico, social y político de México*, FCE, México, 1974.

Síndico, Doménico et al., *El siglo XIX en México, cinco procesos regionales: Morelos, Monterrey, Yucatán, Jalisco y Puebla*, Claves Latinoamericanas, México, 1985.

Soboul, Albert, "Del feudalismo al capitalismo. La Revolución francesa y la problemática de las vías de transición", en AAVV, *Estudios sobre la Revolución Francesa y el Antiguo Régimen*, Akal, Madrid, 1980.

Tenenbaum, Barbara A., *México en la época de los agiotistas, 1821-1857*, FCE, México, 1985.

Topik, Steven, "La revolución, el Estado y el desarrollo económico en México", en *Historia Mexicana*, núm. 157, El Colegio de México, México, julio-septiembre de 1990.

Torre Villar, Ernesto de la, "La economía y el porfiriato", en *Historia de México*, Salvat Mexicana, México, 1974.

Urrutia, María Cristina, y Guadalupe Nava Oteo, "La minería (1821-1880)", en Ciro Cardoso (coord.), *México en el siglo XIX, 1821-1910. Historia económica y de la estructura social*, Nueva Imagen, México, 1994.

Valadez, José C., *Alamán, estadista e historiador*, Porrúa, México, 1938.

Vázquez, Josefina Zoraida, "Los primeros tropiezos", en *Historia general de México*, t. II, El Colegio de México, México, 1981.

Webster, C.K. (comp.), *Gran Bretaña y la independencia de la América Latina, 1812-1830*, 2 t., Editorial Guillermo Kraft LTDA, Buenos Aires, 1944.

# Índice

Presentación . . . . . . . . . . . . . . . . . . . . . . . . . . . . . . . . 7
ENRIQUE SEMO

Interpretaciones del siglo XIX . . . . . . . . . . . . . . . . . . . . 11

El periodo 1821-1877 . . . . . . . . . . . . . . . . . . . . . . . . . 33
    Los problemas inmediatos. Situación internacional . . . . . . . . 33
    Las actividades económicas. Agricultura. Minería. Artesanía.
        Industria . . . . . . . . . . . . . . . . . . . . . . . . . . . . . . . . 37
    Sobredimensión de las actividades especulativas. Finanzas,
        iglesia y comercio . . . . . . . . . . . . . . . . . . . . . . . . . . . 57

El periodo 1877-1910 . . . . . . . . . . . . . . . . . . . . . . . . . 93
    El pensamiento económico. Situación internacional . . . . . . . 93
    Peso relativo de las actividades económicas. Agricultura.
        Minería. Artesanía. Industria. Finanzas. Comercio. . . . . . . 106

Conclusiones . . . . . . . . . . . . . . . . . . . . . . . . . . . . . . . 153

Bibliografía . . . . . . . . . . . . . . . . . . . . . . . . . . . . . . . . 157

*De la Independencia a la Revolución*, escrito por Guillermo Beato, de la colección Historia Económica de México, editado por la Dirección General de Publicaciones y Fomento Editorial, en coedición con Editorial Oceano de México, se terminó de imprimir en mayo de 2004 en los talleres de Impresos y Encuadernaciones, SIGAR, que se localizan en la calzada de Tlalpan 1702 colonia Country Club, en la ciudad de México, D.F. La encuadernación de los ejemplares se hizo en los mismos talleres. Formación realizada en Ediciones de Buena Tinta, S.A. de C.V., Insurgentes Sur 1700, 6° piso, colonia Florida. C.P. 01030, México, D.F. Se usaron tipos Giovanni Book de 17/20 y 10/14, Frutiger de 18/20 y 9/12. En la impresión de los interiores se usó papel ahuesado de 75 g. El diseño de interiores lo hizo Marycarmen Mercado; y el de la portada, Marco Xolio. La edición consta de 4 000 ejemplares.